틈

사이에서 기도하다

당신이 하나님을 더 깊이 알아가고 더 널리 알리는 사람이 되는 것, 이 책에 담긴 도서출판 예수전도단의 마음입니다. 말씀을 통해 저자가 깨닫고, 원고를 통해 저희가 누릴 수 있었던 그 감동이 책을 통해 당신에게도 전해지기 원합니다. 그리고 당신을 통해 그 기쁨과 은혜가 더 많은 이에게 계속해서 흘러가기를 기도하겠습니다. 이 책을 통해 당신이 받은 은혜를 다른 분들에게도 나눠주십시오. 사랑하고 축복합니다.

ⓒ 정형섭 2020

본 저작물의 저작권은 도서출판 예수전도단에 있습니다.
저작권법에 의해 보호받는 저작물이므로 무단 전재와 복제를 금합니다.

틈 사이에서 기도하다

정형섭 지음

하나님과 사람 사이의 중보자

예수전도단

차례

8 · 머리말

**1부
땅의 기도**

14 · 증언부언 기도
20 · 미신적인 기도
24 · 불교적인 기도
31 · 유교적인 기도
34 · 운명론적인 신앙
38 · 아버지에 대한 계시
43 · 귀납적 기도

**2부
하늘의 기도**

48 · 성경적인 기도
53 · 기도와 시간
56 · 기도는 듣기
60 · 기도는 질문하는 것이다
62 · 인격적인 하나님
85 · 선하신 하나님
89 · 기도는 성령과 연합하는 것
92　공의의 하나님
94　기도는 위협적이다

3부
사이 기도

1장 하나님과 사람 사이

- 99 · 중보기도의 성경적 기초
- 102 · 예수 그리스도의 중보기도
- 104 · 성령의 중보기도
- 107 · 중보기도의 개념 정의
- 111 · 중재자와 중보자
- 114 · 소돔 성과 아브라함
- 120 · 갈라진 틈
- 125 · 돈과 기도
- 129 · 기도는 우상숭배와의 싸움
- 132 · 모세의 기도
- 138 · 진리의 경계를 세우는 원칙들
- 141 · 세대와 세대 사이
- 152 · 공포와 불안
- 154 · 악에 대한 기도

2장 세상과 사람 사이

- 158 · 영적인 세계의 이해
- 163 · 죄와 사람 사이의 기도
- 167 · 죄의 해결
- 168 · 견고한 진
- 180 · 영적인 우월감
- 181 · 우상숭배와 기도
- 183 · 기근과 사람 사이

4부
이렇게 기도하라

190 · 기도는 은사인가?
192 · 하나님의 관점을 가져라
198 · 무엇을 위해서가 아니라 무엇에 대해서
199 · 단기적인 기도의 목표를 설정하라
200 · 지금 기도하라
202 · 비교하지 말라
204 · 작은 범죄를 다루어라
205 · 남을 탓하지 말라
208 · 사람을 구별하도록 기도하라
211 · 하나님의 시간을 보라
213 · 자신을 위해 기도하라
217 · 두려움을 활용하라
219 · 두려움을 넘어서는 간절함으로 기도하라
225 · 자녀들을 위해 기도하라
228 · 자신을 점검하라
230 · 기도를 잘하려면 사람들과 대화하라
232 · 뻔한 기도를 뻔뻔하게 하라
234 · 빛의 기도를 하라
237 · 높은 기도를 하라

하나님은 한 분이시요

또 하나님과 사람 사이에 중보자도 한 분이시니

곧 사람이신 그리스도 예수라

디모데전서 2:5

기도는 나의 스토리다.

그런데 나의 스토리는 하나님의 히스토리 속에 등장하는 스토리가 될 수 있다. 우리가 기도할 때 하나님의 역사를 만들고, 우리의 기도를 통해 하나님의 뜻을 성취하신다.

나의 시간과 공간 속에 하나님이 주인으로 계시고, 나의 시간과 공간 주변에 가족과 나와 관여된 사람들이 존재한다. 내 존재로 인해 주변 사람들이 행복해지고, 주변 사람들을 통해 힘을 얻는다. 그렇게 우리는 나의 시간과 공간에 사람들을 초대하고, 존재를 만들어간다.

나의 시간이 속해 있는 곳에서 나의 시간을 만들어가는 존재가 바로 인간이다. 내 시간의 공간에서 나의 스토리를 만들어 주변 사람과 공유하며 함께 스토리를 만들어 간다.

미국과 한국의 시간과 공간은 차이가 있다. 그렇다고 한국의 시간과 공간이 미국보다 가치가 없는 것은 아니다. 그 시간과 공간은 내가 어떻게 대하느냐에 따라 그 가치가 달라진다. 시계의 속도는 늘 동일하다.

특별히 우리는 하나님이 주신 시간과 공간 속에서 산다. 그리고 그 속에서 하나님과 함께 가치를 만들어 가는 것이 기도이다.

**기도는 하나님의 시간과 공간 속의 나를
가치 있게 만든다.**

중장거리 육상 경기를 보면 선수들의 출발점이 다 다르다. 우리의 눈으로 보면 불공평하게 보이지만, 사실 달리는 거리는 동일하다. 누군가가 앞서 있는 것처럼 보여 나와 동일한 선상에 있다는 것을 알지 못할 뿐이다. 트랙을 완주하고 나서야 달리는 거리가 동일했다는 것을 알게 되고, 최선을 다해 골인 지점을 통과한 사람만이 우승을 거머쥐게 된다.

이렇듯 위에서 내려다보면 동일한 거리인데도, 우리는 때로 원망하고 시기하고 자신이 가지지 못한 것에 안타까워한다. 육안으로 보는 것이 전부는 아닌데도 말이다. 분명한 것은 우리는 하나님의 공평한 기회와 공의로운 원칙 속에서 살고 있다는 사실이다. 기도가 이 사실을 깨닫게 한다.

**기도는 하나님의 눈으로 보고
하나님의 기회를 얻는 시간이다.**

사람은 어린 시절 보고 경험한 것을 평생 가지고 산다. 어린 시절 보고 듣고 경험한 것이 유익하든 무익하든지 상관없이 그것을 바탕으로 살아간다. 그러나 성장하면서 그런 자신을 바꿀 수 있는 것은 행동의 습관을 만들어 반복적인 삶을 살 때 의지적으로 삶을 살 수 있다. 사람의 삶을 바꿀 수 있는 두 번째 기회는 곧 기도이다.

기도는 하나님으로부터 주어지는 하나님의 선물이다.

사람이 변화할 방법은 건강한 습관이다. 생각에서부터 마음으로 그리고 행동으로 이어지는 습관이 자신의 삶을 지배할 때, 비로소 자신의 삶에 새로운 전환점이 온다. 물론 하나님이 이 모든 우리의 삶에 주인이 되셔서 변화시키시지만, 그 방법과 도구는 오직 기도이다. 건전하고도 건강한 도구가 우리의 삶에 주어져서 진리로 변화할 기회가 될 것이다.

우리는 세상과 하나님 사이에 틈이다.

   그러나 그것은 단순히 벌어져 있는 공간이 아니다. 무너진 것을 막아서고, 세상과 하나님 사이를 이어주는 축복의 통로이다. 우리가 바로 그런 존재이다.
   집이 지어지는 과정을 생각해보자. 직사각형의 벽돌이 차곡차곡 쌓이고 또 쌓여서, 근사한 공간을 이룬다. 그런데 이 벽돌과 벽돌이 잘 붙어있기 위해서는 그 사이에 반죽을 발라야 한다. 그래야 반죽이 굳으면서 서로 떨어지지 않고 단단하게 붙어 있을 수 있다.
   그렇다. 우리가 바로 벽돌과 벽돌 사이의 틈을 채우는 반죽과 같은 존재다. 더 풍성하고 온전한 하나님의 나라를 만들기 위해, 하나님과 세상 사이를 잇는 자인 것이다. 이 책을 읽는 귀한 한 사람, 한 사람이 하나님과 세상 사이에 서서 그리스도의 풍성함을 흘려보내는 중보기도자가 되기를, 더 바라기는 이 땅 가운데 주님이 기뻐하시는 중보기도자가 넘쳐나기를 간절히 소망한다.

1부 **땅의 기도**

중언부언 기도

사람은 어느 종교를 믿든지 자기 신에게 기도한다. 기도하는 것은 그 신관에 따라 다른 양상으로 나타난다. 그 신의 성품과 행위에 따라 그 종교를 믿는 사람의 기도 행위도 다르게 나타나는 것이다.

한국 사람들은 전에 믿고 섬겼던 신에 대한 개념을 가진 상태로 교회에 온다. 그리고는 기도의 대상만 바꾼 상태로 기도한다. 그렇기에 세상 신을 섬기다가 하나님을 섬기면, 하나님의 성품과 행하심을 올바로 아는 것이 필요하다.

우리는 세상의 기도와 세상적인 기도의 차이를 알 필요가 있다. 세상의 기도는 하나님을 알지 못하는 사람들의 종교에서 하는 기도이다. 그런데 다른 종교에 있다가 현재 교회에 다니면서도 다른 종교에서 행했던 기도 방식대로 하는 것이 세상적인 기도이다. 교회는 세상적인 기도에서 변화되어야 한다.

> 또 너희는 기도할 때에 외식하는 자와 같이 하지 말라 그들은 사람에게 보이려고 회당과 큰 거리 어귀에 서서 기도하기를 좋아하느니라 내가 진실로 너희에게 이르노니 그들은 자기 상을 이미 받았느니라 너는 기도할 때에 네 골방에 들어가 문을 닫고 은밀한 중에 계신 네 아버지께 기도하라 은밀한 중에 보시는 네 아버지께서 갚으시리라 또 기도할 때에 이방인과 같이 중언부언하지 말라 그들은 말을 많이 하여야 들으실 줄 생각하느니라 그러므로 그들을 본받지 말라 구하기 전에 너희에게 있어야 할 것을 하나님 너희 아버지께서 아시느니라 (마 6:5-8)

예수님이 가르치신 기도를 주기도문이라고 한다. 그런데 주기도문을 가르치시기 전에 두 가지 언급하신 것을 볼 수 있다. 첫 번째는 이방인의 기도와 같이 하지 말라는 것이고, 두 번째는 골방으로 들어가라는 것이다.

첫 번째 가르침을 보면, 예수님은 이방인들이 기도하는 것을 말씀하시며 중언부언하지 말라고 하신다. 중언부언의 원어 의미는 주술사들이 외우는 주문이라는 뜻이다. 영어 성경에서는 말을 반복한다는 의미로 'repeat'이라는 단어를 사용한다.

이렇게 말을 반복하는 이유는 많이 반복해야만 기도가 이루어질 것이라고 믿기 때문이다. 내가 믿는 대로 기도하는 것이다. 하나님의 뜻을 헤아리기보다 반복해야만 그 신이 들어줄 것이라고 믿는 것이다.

이것은 기도를 반복하는 것이 아니라, 말을 반복한다는 뜻이다. 우리는 하나님의 뜻이 이루어질 때까지 기도를 반복할 수 있다. 그러나 주님은 말을 반복하며 주문을 외우듯 되뇌는 기도는 이방인의 기도라고 가르치신다. 이 말씀을 믿는다면 우리는 이방인의 기도를 멈추어야 한다. 그리고 주님이 가르치시는 기도로 바뀌어야 한다.

어떤 사람들은 기도하는 중에 "주시옵소서, 주시옵소서, 주시옵소서"를 끝없이 반복하는 것을 들을 수 있다. 물론 하나님 앞에 간절함으로 기도하는 마음은 이해하지만, '주시옵소서'를 많이 할수록 기도가 응답된다고 믿는다면 그것은 기도의 오류에 빠진 것이다.

심지어 어떤 믿는 가정에서는 자녀들이 잘못하면 주기도문 백번 외우기 내지는 백번 쓰기를 벌로 준다고 한다. 기도가 징계가 되버린 것이다. 이런 가정에서 성장한 자녀들은 나중에 기도하는 것을 벌서는 것처럼 느낄 수 있다. 그러나 기도는 징계가 아니다.

우리는 이방인이다. 유대인이 아니다. 그렇기에 다시 교회에서 기도를 배우는 것은 지극히 타당한 일이다. 또한, 교회도 기도를 성경적으로 가르칠 책임이 있다. 계획을 세우고 실제로 가르치는 것이 사역이다. 그러나 교회는 기도를 가르치는 것에 무

관심할 뿐 아니라 성도들의 기도에 너무 많은 신뢰를 가졌는지도 모르겠다.

두 번째, 주님이 기도를 가르치기 전에 언급하신 것은 보여주는 기도를 멈추라는 것이다. 사람들에게 보여주려고 회당과 어귀에 서서 기도하는 것을 지적하셨다. 기도는 분명 하나님께 하는 것인데, 보여준다는 것은 이미 사람들에게 기도하는 것임을 말씀하신다. 그래서 주님은 골방으로 들어가라고 하신다.

골방은 우리가 생각하는 좁은 다락방 같은 곳이 아니다. 유대인들의 집 구조를 보면 골방은 은밀한 방, 곧 내실을 말한다. 이 내실은 아무나 함부로 들어올 수 없다. 남편과 아내가 사용하는 가장 친밀함이 있는 곳이다. 주님이 이 골방을 말씀하신 것은 하나님과의 친밀함 가운데로 우리를 초청하신 것이다.

우리는 때로 기도할 마음이 없을 때가 있다. 또는 기도할 수 없어 무엇이라 할 수 없는 답답함과 삶의 무게로 주님 앞에 나올 때가 있다. 그때 우리는 아무 말 없이 그저 주님 앞에 머무는 것이 필요하다. 무언가 말하지 않으면 주님께 죄송할 것 같다고 생각하지만, 모든 것을 아시는 주님은 우리를 친밀한 관계의 자리로 부르신다.

무엇을 하기보다 우리가 주님과의 관계 가운데 있는 존재임을 알기 원하신다. 우리는 무엇인가를 해야만 존재 가치를 찾는다. 그러나 성경은 내가 어떤 존재인지 알아야, 무엇을 해야 하는지 알게 된다고 가르친다. 기도해야만 하나님의 자녀가 되는 것이 아니라, 하나님의 자녀이기 때문에 기도하는 것이다. 기도를 많이 해야만 사랑받는 하나님의 자녀가 되는 것이 아니라, 하나님을 사랑하기 때문에 하나님의 자녀로 기도하는 것이다.

> 너희는 마음에 근심하지 말라 하나님을 믿으니 또 나를 믿으라
> (요 14:1)

마음에 답답함과 삶의 무게를 가진 사람이 있다면, 하나님 앞에서 무엇을 하려는 행위를 중단하고 주님의 임재 앞에 나아가야 한다. 왜 우리가 기도하기 힘든지 주님은 아신다. 지금 내가 왜 답답한 상황인지 주님이 먼저 아신다. 심지어 나의 죄로 말미암아 정죄감을 가지고 있다면, 하나님 앞에 나오는 것을 주저할 필요가 없다. 사실 주님은 우리의 범죄 현장에 계신다. 우리 마음의 동기와 감정과 상황을 먼저 알고 계신다.

주님은 우리가 앞에 놓인 고난이 없어지도록 기도하는 것도 들으신다. 그리고 그 고난을 넘어서는 것을 보기 원하신다. 고난을 내 삶의 독이 아닌 약이 되게 해서, 하나님의 기회로 삼는 모습을 보기 원하신다. 그런데 정말 중요한 것은 우리가 지쳐서 그 고난을 통과하기 어려울 때, 피할 길도 이미 준비하셨다는 사실이다. 힘들고 어려우면 주님께 피하기 원하신다. 주님이 우리의

피난처가 되신다.

　우리는 늘 이기려고 하지만, 그 앞에 놓인 문제를 주님께 가져가는 것이 참된 승리이다. 그렇기에 문제를 해결하려 하지 않고 주님께 가져가는 연습이 필요하다. 문제를 해결하는 분은 하나님이시기 때문이다. 내가 해결하기 위해 주님의 도움을 구하는 것이 아니라, 주님이 해결하실 것을 믿으며 주님의 생각과 계획을 알고 따라가는 것을 원하신다.

미신적인 기도

세상에서 배운 기도는 고장 난 기도와 같다. 사람들에게 "당신은 어디에서 기도를 배웠나요?"라고 질문하면, 대부분 "교회에서 배웠습니다."라고 대답한다. 그러나 사실 틀린 대답이다. 우리는 '전설의 고향(TV 드라마)'에서 배웠다. 교회에 와서 기도를 배운 것이 아니라 이미 기도를 배운 상태로 교회에 온 것이다. 문화에서, 사회에서, 가정에서 가르쳐준 대로 기도해왔다. 그러다가 교회에 오게 되었고, 기도하게 되었다.

   교회는 올바르게 기도하도록 가르쳐주지 않는다. 다만 기도를 많이 하도록 격려한다. 그래서 기도를 많이 하면 이루어지는 것으로 배운다. 기도가 이루어지지 않으면 믿음이 부족하다고 하거나, 더욱 열심히 해야 한다고 가르친다. 기도에 실망할 겨를도 주지 않고, 기도 속에 하나님을 발견하기도 전에 내가 원하는 것과 미래를 쏟아붓게 한다.

   교회에는 기도 만능주의가 있어서, 기도하면 무엇이든 이룰 수 있다고 믿게 했다. 기도하면 능치 못할 일이 없다고 가르쳤다. 기도의 능력을 받기 위해 새벽에도 기도하고, 철야하면서 기도하고, 산에 올라가 나무뿌리를 흔들며 기도했다. 부르짖으면서, "주여, 주여" 하면서 큰 소리로 주님을 불렀다. 멀리서 들으면 "죽여, 죽여"라고 들리기도 했다. 기도하는 것이 이루어지지 않으면 금식하고, 정한 헌금을 교회에 드리고, 기도가 응답되기를 기대하면서 간절히 기도했다. 무엇을 위한 금식인지, 왜 금식을 해야 하는지 모르지만, 한국의 많은 성도는 그렇게 기도해왔다. 성경의 금식에 관한 가르침으로 기도하기보다 금식은 더 능력이 있다고 믿기에, 금식하며 기도하기를 멈추지 않았다. 물론, 기도의 능력을 부정하는 것은 아니다. 그러나 우리는 기도가 능력이 아니라, 하나님이 능력이심을 알아야 한다.

한국교회는 기도하는 교회다. 그러나 올바로 기도하는 교회가 되도록 하지는 않았다. 기도가 응답되는 성공주의가 기도 사역에도 있었다. 기도가 응답되면 기뻐하고 즐거워하고 만사를 형통케 하는 것으로 착각하면서 지금까지 이어져 왔다. 기도해서 사업에 성공하고 십일조를 많이 하면, 하나님의 뜻이 이루어진 것이라고 믿었다. 그러나 어떻게 기도해야 하고, 기도한 것만큼 정직하게 사업하고, 사랑으로 직원들을 대하고, 공의롭게 사업을 운영해야 한다는 것은 중요하지 않았다. 사업이 잘되고 번창하면 십일조를 드리고, 더 잘될 것을 믿음으로 여기며 빚을 내서 십일조를 하는 일도 있다. 기도가 기복신앙을 만들어내는 도구로 전락해버린 것이다.

한국교회 기도의 시작은 복음을 위한 기도였다. 사람들이 예수님을 믿도록 기도했다. 또한, 기도의 폭발은 회개의 기도였다. 평양의 부흥은 죄를 고백하면서 회개 운동이 일어났고, 회개의 기도가 부흥의 기폭제였다. 그리고 나라와 민족을 위해 기도하면서 식민 지배 가운데 해방되도록 독립운동을 하는 사람들의 기도였다.

다시 말해, 한국교회의 기도는 바로 중보기도다. 복음을 위한 기도, 회개의 기도, 나라와 민족을 위한 기도였다.

우리가 완전한 기도를 할 수는 없다. 그러나 충분한 지식을 갖지 않고 기도하더라도 하나님은 그 기도를 들으신다. 온전한 기도를 하지 못한다고 할지라도 자녀들의 소리를 알아들으신다. 하나님은 우리의 좋으신 아버지이기 때문이다.

기도는 도를 닦는 것이 아니다. 수련이 아니다. 계룡산에서 10년, 지리산에서 10년, 정화수 떠 놓고 기도 수련을 해야만 하나님의 음성을 듣는 것이 아니다. 영적인 문이 열려야 하는 것이 아니다. 영적인 눈으로 보고 영적인 귀로 들어야 하나님의 뜻을 아는 것이 아니다. 우리가 기도할 수 있는 이유는 한 가지다. 성령이 우리 안에 거하시기 때문이다. 성령이 우리 안에 계셔서 말씀하시고, 깨닫게 하시고, 인도하시고, 역사하시기 때문에 기도할 수 있다. 비록 초신자라고 할지라도 당장 기도할 수 있다. 무언가 해야만 나중에 기도할 수 있는 것이 아니라 지금 성령의 도우심으로 할 수 있다.

이제 고장 난 기도가 고쳐졌다. 성령으로 말미암아 고장 난 기도가 수리되었다. 작동되지 않던 기도가 이제 정상적으로 작동하기 시작한 것이다. 올바로 움직이지 않던 기도가 올바로 움직이기 시작하면서 정상적인 작동으로 뭔가 할 수 있는 도구가 되었다. 고장 나서 버려진 기도가, 이제는 수리되어 쓸모 있는 하나님 나라의 도구가 되었다.

사람마다 수리된 기도를 한다. 세상에서 배웠던 기도는 성경적인 기도로 말미암아 능력이 있는 기도로 변화되고, 하나님 나라의 군대가 된다. 기도라는 무기를 가진 하나님 나라의 군대가 훈련되면, 이제 하나님은 뜻을 보이시고 움직이는 기도가 되게 하실 것이다.

죽어있던 기도가 살아있는 기도가 되고, 버려지고 쓸모없던 기도가 하나님 자녀들의 손에 들려진 검이 된 것이다. 어둠을 몰아내는 빛의 군사들의 무기이다. 또한, 죽음에서 생명으로 변화시키는 의사의 손에 들려진 메스와도 같다.

그렇기에 기도는 도구이다. 생명과 생명을 잇게 하는 생명줄이다. 생명의 하나님과 사람을 잇게 해서 생명이 흐르게 하는 도구이다.

불교적인 기도

자동판매기에 동전을 넣으면 원하는 음료수가 나온다. 좀 더 비싼 것을 원한다면 동전을 좀 더 넣어야 한다. 원하는 음료수가 나오지 않는 것은 돈을 적게 넣었거나 기계가 고장 난 것이다.

불교적인 기도는 마치 이런 기계와 같다. 내가 돈을 넣은 만큼 원하는 것을 얻는다. 만약 내가 기도한 만큼 응답을 받는다고 생각한다면, 불교적인 기도의 개념을 가진 것이다. 물론 처음 교회에 오면 불교적인 개념의 기도가 하루아침에 바뀌지 않는다. 점차 하나님의 은혜를 경험하며 깨닫게 된다.

기도는 하나님의 전적인 은혜이다

불교에는 윤회 사상이 있다. 현재 상황은 전생의 업보로 인해 생겨난 결과라고 여기는 것이다. 그래서 현재 상황을 극복하기보다 다음 생을 위해 업을 쌓고, 과거의 업보를 끊는 것이 현재의 삶이라고 생각한다.

이러한 생각을 하는 사람들이 예수님을 믿고 교회에 왔을 때, 교회에서는 이들의 생각을 변화시켜야 한다. 옛사람의 옷을 버리고 새사람의 옷을 입도록 도와주는 것이 성도들에게 가르쳐 지키게 해야 할 주제 중 하나이다.

어떤 권사님은 날마다 새벽 기도에 나와서 이렇게 부르짖고 기도한다.

"하나님, 제가 전생에 무슨 죄를 지었기에 이렇게 고난을 주십니까?"

권사님의 생각이 지금은 바뀌었을 것이라고 믿는다. 그러나 여전히 많은 사람이 이런 생각에 묶여있는 상태로 신앙생활을 할 것이다. 문제를 해결하기 위해 새벽에 나와 기도를 쌓았을 것이다.

기도를 많이 하는 것이 잘못된 게 아니다. 어떤 동기로 많이 기도하는지가 문제이다. 그리고 교회 지도자들이 그렇게 기도하는 사람들에게 성경적인 기도를 가르쳐 주지 않은 것이 문제일 것이다. 아니, 어쩌면 교회 지도자들도 기도에 대해 어떻게 올바로 가르쳐야 할지 문제의식을 느끼지 않았을 수도 있다.

선교는 하나님을 알지 못했던 사람이 하나님과 올바르고 건강한 관계에 들어가서 유지되도록 돕는 것이다. 곧 올바르고 건강한 기도 생활을 통해, 하나님을 더 깊이 구체적으로 알아가도록 돕는 것, 다시 말해 선교는 제자 삼는 것이다.

내가 원하는 기도가 응답되도록 새벽마다 나와 기도하고, 철야로 기도하고, 주일에 절대 결석하지 않고 주일 성수한다. 그리고 자녀들에게도 율법적으로 강요하고 가르친다. 왜냐하면 많은 수고와 노력을 쌓아야, 원하는 것을 하나님께로부터 얻을 수 있다고 생각하는 개념 때문이다.

내가 기도하는 것이 하나님이 원하시는 것인지에 관한 관심보다는 내가 원하는 기도가 응답되지 않을 것에 대한 두려움이 더 크다. 그래서 하나님께 잘 보이려고 무척이나 애쓴다. 나는 하나님의 일을 많이 하므로 내 기도를 들어주시는 것은 당연하다고 생각하는 것이다.

> 더러는 좋은 땅에 떨어지매 어떤 것은 백 배, 어떤 것은 육십 배, 어떤 것은 삼십 배의 결실을 하였느니라 귀 있는 자는 들으라 하시니라 (마 13:8-9)

십일조를 하고 더 많은 헌금을 주님께 드리는 이유가 나의 삶에서 더 많은 것을 돌려받기 위한 예도 있다. 심지어는 대출을 받아 헌금하면서 사업이 잘되도록 기도한다. 성경에 나온 100배, 60배, 30배의 열매를 거둘 것이라고 믿으며, 돈을 많이 벌도록 기도한다. 그러나 사실 이 말씀은 돈과 관련된 구절이 아니다. 말씀의 열매를 거두는 것을 강조하신 것이다. 그런데 사람들은 지극히 자기가 해석하기 좋은 대로, 기복적인 해석으로 인용한다.

교회에서 열심히 봉사하고 하나님의 일을 하면 나의 가정을 책임지신다고 믿으며, 가정에서 자녀들을 돌보는 일은 소홀히 하고 교회 일에만 열심인 경우도 있다. 그러나 교회에서 하는 일만 하나님의 일이 아니다. 가정에서 자녀들을 돌보는 것도 하나님의 일이다. 교회에서 열심히 봉사하는 것만 하나님의 일이 아니라 하나님의 원칙과 원리대로 정직하게 사업을 운영하는 것도 하나님의 일이다. 그런데 사업은 세상의 일이라는 편견으로 부정과 속임으로 운영한다. 그리고 십일조만 많이 드리면 모든 것이 용서된다고 믿는 오류가 있다.

우리가 하나님께 헌금을 드리거나 교회에서 봉사의 일을 하는 것은 하나님을 사랑하기 때문이다. 하나님께 사랑받기 위해서가 아니다. 기도하는 것도 하나님의 임재를 갈망하고 하나님을 사랑하기 때문이다. 하나님께 사랑받기 위해서가 아니다. 기도가 더 잘 응답되게 하기 위해서도 아니다.

하나님께 많이 기도하지 말라는 것이 아니다. 헌금하지 말라는 것이 아니다. 교회에서 봉사하지 말라는 것이 아니다. 우리의 동기를 살피고, 하나님을 사랑함으로 마땅히 행해야 할 것을 해야 한다는 것이다.

하나님은 기계적이지 않으시다. 내가 하나님께 투자한 만큼 돌려주시는 분이 아니다. 물론 우리의 헌신과 사랑의 수고를 기쁘게 받으신다. 그러나 내가 그렇게 했기 때문에 하나님도 나에게 하셔야 한다고 생각한다면 하나님을 완전히 오해한 것이다.

선교사로 헌신했는데 자녀들이 교육의 기회를 받지 못할 수 있다. 또한, 다른 사람처럼 충분한 재정이 없어서 원하는 것을 하지 못할 수 있다. 그러나 선교사로 또는 사역자로 자신을 드렸다면, 조건 없이 드린 것이다. 내가 이렇게 헌신했기 때문에 하나님도 나에게 이렇게 해야 한다고 생각한다면 착각한 것이다. 우리가 요구하지 않아도 하나님은 우리의 자녀를 돌보시고, 준비하시고, 그 길을 인도하시는 분이다. 어떤 선교사가 굶어서 죽었다는 이야기는 들어본 적이 없다. 다만, 믿음이 없어서 하나님의 일을 하지 못했을 뿐이다.

우리는 하나님의 은혜 안에 산다. 노력해서 얻은 것이 아니라 값없이 주시는 것이다. 우리의 구원도 값없이 주어진 것이고, 우리의 호흡하는 생명도 값없이 주어진 것이다. 또한, 지금 누리는 모든 것도 하나님의 값없는 은혜이다. 우리 주변을 살펴보면 하나님이 주시지 않아서 생기는 문제보다는 하나님이 주신 것을 관리하지 않아서 생기는 문제가 훨씬 많다.

> 그리스도 예수 안에 있는 속량으로 말미암아 하나님의 은혜로 값없이 의롭다 하심을 얻은 자 되었느니라 (롬 3:24)

이제 우리 기도에 불교적인 행위가 죽어야 한다. 하나님의 은혜가 우리 기도에 살아있게 해야 한다. 이방적인 기도의 모습 중에 불교적인 기도의 행위에서 자유롭게 되어야, 진정한 하나님의 은혜를 경험할 것이다. 하나님을 사랑함으로 불교적인 행위 이상의 온전한 행위가 우리 삶에 행해져야 한다.

기독교는 도덕적인 종교 그 이상이다. 세상 사람들은 그리스도인들이 더 높은 도덕적 수준의 삶을 살기를 기대한다. 그래서 예전에는 "믿는 사람은 역시 달라"라고 했다. 그런데 그 후 "믿는 사람도 똑같아"라고 하더니, 이제는 "믿는 것들이 더해"라고 말하는 것을 듣는다. 그만큼 그리스도인들은 높은 도덕적 수준으로 살아야 한다는 기대가 있다는 것이다. 우리는 높은 도덕적 수준의 삶을 살아야 한다. 세상 사람들이 다 해도 우리는 할 수 없는 것이 있다는 것이다. 이미 교회에서 오랫동안 하나님을 섬긴 사람이라면, 높은 수준의 삶을 가지고 있어야 한다. 그리고 교회 지도자는 더욱더 높은 도덕적 기준을 가져야 한다.

그러나 기독교는 도덕적인 종교만이 아니다. 기독교에서 도덕적으로 완벽하기만 한 것은 구원의 완성이 아니다. 아무리 도덕적으로 완벽해도 하나님과의 관계에서 나오지 않은 도덕적인 완벽함은 껍질일 뿐이다. 생명 없는 껍질에 불과하다. 하나님과의 관계 속에서 순종함으로 나오는 행위일 때, 생명이 있다. 기독교는 행위의 종교가 아니다. 관계와 행위가 연결된 생명의 활동이다.

그렇기에 기도했다면 삶을 살아야 한다. 우리는 기도한 만큼 삶의 능력을 얻는다. 또한, 삶으로 행한 만큼 기도의 권위를 얻게 될 것이다. 입으로 기도한 것이라면 행위로 나타나야 한다. 입으로만 하는 기도는 기도한 것이 아니다. 실제로 행할 때, 완성되는 것이다.

기도의 말과 행동이 함께 갈 때, 하나님의 생명이 사람들에게 흘러간다. 사람들은 그리스도인들의 말을 듣고 싶은 것이 아니라, 말한 만큼 행동으로 나오는 것을 보기 원한다. 말로만 하는 기도는 울리는 소음에 불과하다. 하나님으로부터 비롯되지 않은 기도는 소음에 불과하다. 그렇다고 기도를 폄하하고 싶은 마음은 없다.

불교적인 기도에서 벗어나려면 기도의 말과 행동이 우리 삶에 이뤄져야 한다. 세상이 변하지 않는 것은 그들의 문제가 아니라, 그리스도인들이 영향을 주지 않기 때문이다. 교회가 성경적으로 변화할 때, 어느덧 세상도 변화된 것을 발견할 것이다.

유교적인 기도

남존여비, 갑질 문화, 차별 대우 같은 일들이 일어날 때, 우리는 문제의식을 느끼고 기도한다. 이러한 사회문화는 겉으로 드러난 가지이다. 그러나 우리가 기도해야 하는 것은 보이지 않는 뿌리, 즉 사람들의 보이지 않는 보편적인 생각이다. 그렇다면 한국 사람들의 보이지 않는 뿌리는 무엇일까? 그렇다. 유교사상이다.

예수님을 믿고 교회에 다니면 옛사람의 옷을 벗어버려야 한다. 그런데 유교는 옛사람의 옷을 벗어버려야 한다는 생각을 못 하게 한다. 오히려 유교적인 문화가 교회와 결합해서 변질한 기독교로 자리 잡았다. 물론 모든 것이 그렇다는 건 아니다.

그런데 사실, 유교가 가르치는 것보다는 한국에 자리 잡은 문화적 사고방식이 뿌리가 되었다. 특히 율법주의적인 형태가 교회에 자리 잡으면서, 성경의 가르침이 유교적인 해석으로 나타나기도 한다. 그중 몇 가지를 살펴보자.

유교적인 생각을 하는 사람들은 성경에서 남자만 계수하는 것을 보며 자신들의 판단을 확신했을 터다. 심지어 일부는 여성에게 사역의 책임을 맡기지도 않고, 교회에서 잠잠히 하는 것이 성경적인 해석이라고도 한다. 그러나 사실 본래의 성경적인 의미와는 많은 차이가 있고, 잘못된 적용이기도 하다.

> 하나님이 자기 형상 곧 하나님의 형상대로 사람을 창조하시되 남자와 여자를 창조하시고 (창 1:27)

하나님은 창조하실 때, 남자와 여자를 동등하게 창조하셨다. 그래서 사람의 성별과 상관없이 사용하시는 것을 볼 수 있다.

기독교가 한국에 들어왔을 때 가장 많은 충돌이 일어났던 것은 제사 문화였다. 유교에서는 조상에게 제사를 지내는 것이 중요한 덕목이었는데, 교회가 들어왔을 때 제사는 우상숭배로 금했다. 그러면서 유교 문화에 있던 사람들은 예수님 믿는 것을 꺼리게 되었다. 그래서 생겨난 제도가 추도 예배다. 조상에게 제사하지 않고 조상을 주신 하나님께 예배하는 제도다. 물론 부모를 공경하는 것은 성경적이다. 살아계신 부모를 공경하는 것은 지극히 성경적이고 십계명의 하나이기도 하다. 그러나 죽은 부모를 공경하여 절하는 것은 우상숭배이다.

유교적인 문화 가운데 서당 문화도 있다. 서당은 교육에 중요한 장소다. 그런데 교회를 서당으로 여기는 경우도 있다. 교회에서 설교를 듣고 하나님의 말씀 듣는 것을 서당에서 훈장 선생님의 말씀 듣는 것으로 여긴다. 그래서 좋은 설교가 있는 교회를 찾아다니기도 한다. 물론 좋은 설교를 들음으로써 하나님의 말씀 앞에 더 가까이 갈 수 있는 유익이 있다. 그러나 모든 교회가 설교로 평가될 수는 없다.

조상 숭배가 사회와 교회에 교묘히 들어와 있는 것을 발견한다. 나라에 역사적으로 위대하다고 여길 수 있는 사람을 존경하는 것은 문제가 아니지만, 그 인물을 기리며 제사를 지내고 그 앞에 절하며 숭배하는 것은 분명 우상숭배이다. 교회에서도 하나님이 위대하게 사용하신 인물을 존경하는 것은 좋은 것이지만, 그 인물을 떠받들면서 하나님이 하신 것을 사람이 가로챈다면 사람 숭배가 될 수 있다.

존경과 숭배는 극소한 차이겠지만, 그 위에 하나님이 계신가는 큰 차이일 것이다. 아무리 위대한 사람이라도 하나님보다 위에 있을 수 없다.

운명론적인 신앙

우리나라에서 흔히 쓰는 말이 있다.

"아이고 내 팔자야"

"내 팔자니까"

소위 말하는 '팔자'는 기독교 신앙생활과 밀접한 관계가 있다. 특히 기도하는 것과 긴밀한 상관관계가 있다. 그리고 이런 관계로 인해, 교회 안에 기도로 묶인 영적인 결박을 발견한다.

팔자라고 생각하는 것은 운명론에 대한 믿음이다. 단순한 속담이나 이야기가 아니라, 사람들이 실제로 믿는 믿음이다. 그래서 나의 정해진 운명이 나를 결정한다. 내가 무슨 일을 해도 벗어날 수 없다. 그렇게 될 사람은 그렇게 된다고 믿는다. 그러므로 사실 기도가 필요 없다는 전제를 가진다.

손금을 보고, 사주를 보고, 관상을 보면서 앞으로 있을 운명을 이야기한다. 그리고 그 운명을 비껴갈 최소한의 비책을 알려 준다. 동쪽으로 이사를 하라고 하고, 출입을 삼가라고 하고, 심지어는 교회에 가야 산다고까지 한다. 그래서 교회에 온 사람도 있다.

좋은 일이 일어나게 하려고 좋지 않은 일을 하기도 한다. 빨간색 펜으로 이름을 쓰면 죽는다고 하여, 절대 빨간색으로는 자기 이름을 쓰지 않는다. 이름과 사주팔자를 보면서 개명하는 사람도 있다. 그러나 이름이 운명을 결정하는 것이 아니다. 손금으로 미래가 결정된 것이 아니다. 자신에게 일어난 일에 대한 올바른 해석은 우리의 기도에 중요한 출발점이 된다.

운명론적인 생각을 하는 사람이 기도할 때, 심각한 오류에 빠지기도 한다. 어떤 사람이 교회에 가는 데 실수로 반대 방향의 버스를 탔다. 그래서 결국 예배 시간에 늦었다. 그런데 그 사람이 "오늘 내가 교회에 늦게 간 것은 하나님의 뜻이야"라고 하면서 자리에 앉았다. 자기 실수를 하나님의 뜻으로 해석한 것이다.

나의 실수를 하나님의 뜻으로 해석하기 시작하면, 하나님의 뜻을 합리화하면서 자기 마음대로인 임의의 신앙이 되어버린다. 길을 가다가 돌부리에 걸려 넘어져도 하나님의 뜻이라고 생각하고 교통사고가 나도 하나님의 뜻이라고 해석한다면, 무슬림의 신앙과 다를 바가 없다. 이슬람을 믿는 무슬림들은 모든 것을 알라의 뜻이라고 말하기 때문이다. 좋은 일도 알라의 뜻, 불행한 일도 알라의 뜻으로 여긴다. 그런데 많은 한국 사람도 이렇게 생각하는 것을 발견한다. 그러나 하나님은 우리에게 불행을 주시는 분이 아니다.

어떤 사람이 교회에 가는데 집에서 늦게 나와 예배 시간에 늦었다. 그래서 운전하며 속도위반을 했다. 그러다 경찰에게 범칙금을 받았다. 그런데 그 경찰을 향해 "사단아, 물러가라"라고 하면서 대적하는 기도를 했다는 이야기를 들은 적이 있다. 자기 잘못을 어둠의 영이 원인이라고 보니까, 경찰을 향해 그런 대적 기도를 하는 것이다.

우리는 운명을 거스르는 기도를 해야 한다. 죄로 말미암아 죽는 것이 운명이라고 한다면, 예수 그리스도로 말미암아 죽음의 운명을 생명의 운명으로 바꾸어 놓아야 한다.

우리는 날마다 무언가를 선택하고 결정한다. 그 결정을 통해 삶에 새로운 길이 열린다. 주님이 우리의 길이다. 기도는 그런 길을 만드는 것이다. 주님과 함께 새로운 길을 만들고, 주님이 이끄시는 대로 그 길을 달려가는 것이다. 정해진 운명의 길을 가는 것이 아니라 주님이 인도하시는 길로 가는 것이다.

하나님은 사람을 향한 뜻을 가지고 계신다. 그 뜻은 하나님의 의도를 알게 하고, 하나님은 청사진을 완성하신다. 그런데 그 계획은 우리가 아무것도 하지 않아도 완성되는 것이 아니다. 인격적인 순종을 통해 완성된다. 우리가 기도함으로 세상의 운명론을 거슬러, 하나님의 뜻이 우리 삶에 성취되게 하신다.

교회의 기도는 한국의 미신과 무속에서 나와 자유로워져야 한다. 진리의 기도와 성경적인 기도를 가르쳐야 한다. 교회의 기도 사역이 다시 새롭게 일어나려면, 성경적으로 진리로 가르쳐야 한다.

운명론적인 신앙은 미신과 불교와 유교의 혼합된 상태이다. 이러한 신앙을 가진 상태로 기도할 때, 그 기도는 일방적이고 기복적이고 틀 속에 갇혀 있게 된다.

기도는 세상에서 나와야 한다. 출애굽 해야 가나안 땅에 들어갈 수 있는 것처럼, 세상에서 나와야 성경적인 기도를 배우게 될 것이다. 하나님은 절대적 주권을 가지고 계시면서도 인격적이시다. 기도가 기도되게 해야 한다.

제자들이 예수님께 기도를 가르쳐달라고 요청한 것처럼, 우리도 요청해야 한다. 그러면 우리 안에 계신 성령께서 가르쳐주실 것이다. 성령이 깨닫게 하시고 생각나게 하시고 인도하시고 역사하셔서, 우리 가운데 능히 참된 기도를 가르쳐 주실 것이다.

아버지에 대한 계시

기도는 아버지께 하는 것이다. 그리고 우리가 아버지라고 부를 때, 우리의 정체성을 말해준다. 곧, 우리가 기도하는 것은 자녀로서 기도하는 것이다. 그래서 아버지에 대한 이미지는 기도에 많은 영향을 준다.

아버지의 이미지는 영적인 아버지, 하늘 아버지에 대한 이미지와 직·간접적으로 연결된다. 특히 가정에서 경험한 아버지의 이미지는 기도의 자리에서 실제적인 영향력으로 나타난다.

어릴 때, 아버지에 대한 분노가 있는 사람이 있다. 조금만 잘못하면 바로 징계를 받고 벌을 서면서, 늘 무서운 아버지의 이미지를 가지고 있다. 그래서 아버지에게 잘못을 들키지 않으려고 무척이나 애를 쓰고, 자기 죄를 숨기는 것이 습관이 된다. 잘못을 되풀이하지 않으려고 하기보다는 들키지 않으려는 마음이 더욱 클 것이다.

지금 한국 사회의 모습을 보면 이와 유사한 것을 알 수 있다.

고속도로를 달리다 보면, 많은 차가 규정 속도 이상으로 과속하며 달린다. 그러다 갑자기 모든 차가 얌전하게 간다. 내비게이션이 과속단속 카메라가 있는 것을 알려주기 때문이다. 과속단속 카메라가 있는 것을 알려주는 것은 한국밖에 없을지도 모른다.

속도를 위반하는 것보다 카메라에만 찍히지 않으면 된다는 생각을 학습하는 것이다. 세금을 정직하게 내지 않은 것보다 세금을 내지 않은 사실이 드러난 것에 부끄러워한다.

죄를 부끄러워하는 것이 아니라 죄가 드러난 것에 대한 부끄러움이 더 크다. 그리스도인도 동일하게 생각하는 것을 알 수 있다. 그러나 하나님 앞에서는 그럴 수 없다. 하나님이 나의 죄 현장에 계셨기 때문이다. 하나님 앞에 감출 수 없다. 그렇기에 하나님 앞에서는 정직하게 나아갈 수밖에 없다.

체면 문화도 기도에 많은 영향을 주었다. 그러나 부끄러움은 죄가 드러났기 때문이 아니라, 죄를 범했기 때문이라는 것을 인식하고 죄를 해결해갈 때, 한국 사람들이 가진 체면 문화는 삶에서 깨어질 것이다.

그렇게 한국 가정의 아버지에 대한 이미지는 자녀로 성장하는 많은 사람에게 죄에 대한 개념과 함께, 체면이 형성되게 했다.

하나님에 대한 두려움을 가진 사람들은 하나님 앞에 나아가는 것 자체에 대해 두려움이 있다. 스스로 판단하고 정죄하면서, 하나님이 죄를 용서하시지 않을 거라고 하면서 자신을 죄의 감옥에 가두어, 하나님 앞에 나아가지 못하게 결박한다. 그러나 무서운 아버지에 대한 두려움이 깨져야 기도가 자유로워진다. 참된 하나님을 경험하면 두려움 없이 하나님 앞에 나아갈 것이다. 하나님은 좋으신 아버지이다. 우리를 용납하시고, 용서하시고, 새롭게 하시는 좋은 아버지에 대한 계시가 필요하다.

반대로 무능한 아버지의 이미지도 있다. 어릴 때 아버지가 아무것도 하지 않고 방 한구석에서 온종일 담배를 피우고 술을 먹은 날에는 갑자기 전능해져서 엄마를 때리고 집안 물건을 부술 때, 그 난리를 피해 옆집으로 도망갔던 기억이 있는 사람도 있다.

하나님은 우리가 기도하면 들으시는 분일까? 기도를 들으시는 하나님은 과연 그 기도에 응답이나 하실 수 있는 분일까? 부르짖고 기도해도 관심 없고 '달라고, 달라고' 애원하며 기도해야만 겨우 들어주는 육신의 아버지와 같지 않을까?

어릴 때 경험한 아버지의 이미지는 성인이 되어 하나님께 기도할 때, 마음의 깊은 곳에서 작동한다. 참된 하나님 아버지에 대한 이미지가 생겨나기까지 상당한 시간의 과정을 겪게 될 것이다.

물론 한국 전통적인 가정의 아버지가 그럴 수밖에 없었던 과정을 이해해야 한다. 우리의 아버지도 좋은 아버지를 경험하지 못했을 가능성이 크다. 그러나 아버지가 좋은 아버지를 경험하지 못했다 하더라도, 우리 세대에는 좋은 아버지를 경험할 수 있다. 우리가 참된 하나님 아버지를 알게 되고 그런 하나님 아버지에 대한 계시가 기도를 통해 실제적인 삶의 모습으로 나타날 때, 다음 세대에게는 좀 더 나은 아버지의 이미지를 전달할 수 있지 않을까 기대한다. 그러나 또한 인정해야 하는 것은 우리는 완전한 아버지가 아니라는 사실이다.

우리는 부모로부터 죄의 경계선을 만들어간다. 하나님이 정하신 가족제도를 통해, 죄에 대한 경계선을 알게 하신다. 십계명으로 이스라엘 백성에게 죄에 대한 경계를 가르치신 것처럼, 가정의 부모를 통해 자녀들이 죄의 경계를 배우게 하신다.

그리고 이 죄의 경계선은 사회의 죄 경계선으로 이어진다. 가정이 무너지면 부모에게 마땅히 배워야 할 죄의 경계선을 지키는 법을 배우지 못하고, 이것이 사회 가치로 자리 잡으면서 사회에 죄의 경계선이 무너지는 현상으로 나타난다.

기도는 하나님으로부터 그 경계선을 배우게 한다. 하나님이 행하라고 하신 것과 행하지 말라고 하신 것을 분명히 배운다. 비록 부모로부터 배우지 못했다 할지라도 하나님께 배운다. 그 배움의 자리가 기도의 자리이다.

우리는 참된 하나님 아버지를 알기 전까지 고아와 같은 상태로 살았다. 우리는 고아가 아니지만, 죄로 말미암아 버려진 고아와 같이 살고 아버지를 찾아 헤매는 자녀와 같이 살았다. 거짓 아비에게 기도하면서 종노릇 하며 살기도 했다. 그래서 아버지에 대한 왜곡된 이미지가 참된 하나님 아버지를 알지 못하도록 막는 벽을 만들었다. 그런데 이제 그 벽이 허물어졌다.

이 세대 가운데 아버지에 대한 계시가 풀어지고 아버지의 권위가 회복되어야 한다. 가정에서 아버지에 대한 권위와 아버지의 마음이 자녀들에게 흘러갈 때, 하나님 아버지를 볼 수 있는 기회의 문이 열릴 것이다.

귀납적 기도

지금까지 교회에서 기도할 때, 기도는 연역적이었다. 기도를 인도하는 사람의 멘트에 따라 기도해왔다. 내 생각이나 방향을 가지고 기도하기보다는 앞에서 인도하는 지도자의 생각과 방향으로 기도했다.

혼자 기도할 때도 정해 놓은 결론이 이루어지도록 기도했다. 나의 결론이 결과로 이루어지는 것을 기도의 응답이라고 했다. 결론이 성취될 때, 격려를 받으며 믿음이라고 포장했다. 그러나 기도해도 응답되지 않는다고 할 때는 자기 결론에 이르지 않는 기도에 많은 사람이 실망하며, 하나님을 원망했다.

귀납적 기도는 하나님을 사랑해서 그분의 임재 앞에 나아가는 것이다. 무슨 요구 사항이 있어서가 아니라, 하나님을 사랑하기 때문에 하나님의 임재를 갈망하고 하나님의 영광을 기대하며 기도의 자리에 나아가는 것이다.

그때, 하나님이 말씀하시고, 할 일을 명령하시고, 하나님의 방법과 때를 따라 성취하시는 것을 경험하는 것이다. 내가 정해 놓은 결론이 아닌 하나님의 결론을 구하는 것이 성경적 기도이다. 이제 기도에 변화가 필요하다.

그동안 일반적으로 기도해오던 방식은 연역적 방법이다. 굳이 연역적인 방법과 귀납적 방법으로 나눈다면, 기도 방식의 변화를 제안한다. 주제를 정해놓고 기도하기보다는 기도의 흐름을 이해하면서 기도에 새로운 방식을 도입하는 것이 필요하다. 삶을 위해 기도한다면 과거와 현재와 미래의 시간 흐름을 관찰하는 것이다.

나의 과거 결정은 현재를 만들었다. 지금 내가 처한 상황은 과거의 선택에 의해 만들어진 현재이다. 과거를 되돌릴 수도 없고, 자신을 원망하면 죄책감만 더 늘어난다.

기도는 하나님과 함께 새로운 미래를 만드는 것이다. 현재 내가 무엇을 기도하는가는 내가 지금 무언가를 심고 거두는 일에 있어서 씨앗을 심는 것이다. 물을 주고 관리하면서 어느 때인가 열매를 거두는 날이 올 것이다.

마지막 때에 가짜 뉴스에 취약한 상황을 보면, 특히 기도하는 사람들이 가짜 뉴스에 속는 것을 볼 수 있다. 지금까지 해 오던 기도에 허점이 있다는 것을 발견한다.

연역적 사고에 익숙한 사람들은 어떤 주제에 집중한다. 하나의 결론을 고집하고 하나의 테두리에 들어오는 것을 선호한다.

다양한 주제나 생각에 대한 두려움이 있다. 하나로 귀결되지 않을 때, 안정감이 없기 때문이다.

힘을 가진 사람이나 권한을 가진 사람의 말을 듣는 사람들은 오류에 이르기도 한다. 영적인 지도자가 내린 결론에 아무도 반대하지 않고 반대할 수도 없다는 생각이 사람들을 거짓 메시지로 속게 한다. 메시지의 진위나 옳고 그름보다, 힘 가진 자의 편에 서지 않는 것이 죄라고 여긴다. 거짓을 말하는 것이 죄이고 그른 것을 옳다고 말하는 것이 죄임에도 불구하고, 지도자는 오류가 없다고 생각하는 착각에 빠져있다.

귀납적 기도의 확산이 필요하다. 현재와 과거의 관련성과 현재와 미래의 방향성을 보면서, 흐름을 이해하고 관찰하면서, 스스로 결론을 가지면서, 흐름과 관찰 속에서 증거를 확보하여 더욱 견고한 결론을 갖는 것이 필요하다.

귀납적 기도에도 맹점이 있다. 자기 결정권과 분별력에 대한 과신이 주관적 이론으로 되어, 하나님의 결론과 상반되게 이를 수 있다. 그러나 모든 결론은 하나님께 있다.

2부 하늘의 기도

성경적인 기도

하늘의 기도는 '누구와 관계가 있는가? 무엇을 위해 기도하는가? 어떻게 기도하는가?'에 달려 있다. 우리가 믿는 것은 성경의 내용을 통해 하나님을 믿는 것이다. 그리고 우리가 알아야 하는 것은 성경의 기도와 성경적인 기도를 구별하는 것이다.

성경의 기도는 유대인의 문화를 기반으로 하는 기도이다. 그러나 우리는 유대인이 하는 대로 기도하는 것이 아니다. 유대인의 절기나 문화를 따르는 것도 아니다. 하나님이 이스라엘을 구별하시고 그들이 하나님의 구원 역사 속에 있다 할지라도, 유대인의 문화로 기도하는 것이 아니다.

우리가 기도해야 하는 것은 성경적인 기도이다. 성경적인 기도란, 성경을 바탕으로 하나님이 어떤 분인가를 알고 하나님의 성품과 방법으로 기도하는 것이다. 믿는 것은 기도가 된다.

> 이제 그 사람의 아내를 돌려보내라 그는 선지자라 그가 너를 위하

> 여 기도하리니 네가 살려니와 네가 돌려보내지 아니하면 너와 네게 속한 자가 다 반드시 죽을 줄 알지니라 (창 20:7)

'기도'라는 단어가 처음 나온다. 기도라는 단어가 성경에 처음 사용된 구절이다. 성경은 아브라함을 선지자라고 말한다. 선지자와 기도는 밀접한 관계가 있다. 성경에서 기도는 하나님의 원하시는 것이 이루어지도록 구하는 것이다.

창세기 20장 7절은 아비멜렉 왕의 꿈에서 하나님이 말씀하시는 장면이다. 아비멜렉 왕이 아브라함의 아내 사라를 자기 아내로 취한다. 사실 아브라함이 사라를 자기 동생이라고 했기 때문에 아내로 취한 것이다. 그런데 이러한 상황에서 하나님은 아비멜렉 왕에게 "아브라함이 너를 위해 기도할 것이다. 그리고 사라를 돌려보내라 순종하지 않으면 죽을 것이다."라고 하신다.

> 아브라함이 하나님께 기도하매 하나님이 아비멜렉과 그의 아내와 여종을 치료하사 출산하게 하셨으니 여호와께서 이왕에 아브라함의 아내 사라의 일로 아비멜렉의 집의 모든 태를 닫으셨음이더라 (창 20:17-18)

아브라함이 아비멜렉의 집을 위해 기도할 때, 하나님이 치료해주시도록 기도했다고 한다. 기도라는 단어가 처음 사용된 이

구절에서 자신이 아니라 다른 사람을 위해 기도한 것을 알 수 있다.

또 하나, 아비멜렉은 아브라함에게 원수와 같은 사람이다. 자기 아내를 빼앗아간 사람을 위해 기도한 것이다. 이는 오늘날 우리에게도 원수와 같은 사람을 위해 기도해야 한다고 주님이 말씀하시는 것이다.

그리고 아브라함이 기도한 것을 보면, 하나님은 아브라함에게 가장 치명적인 것을 위해 기도하라고 하신다. 아브라함과 사라의 태가 닫혀 있는데, 아비멜렉 집의 태를 치료해주시도록 기도한다는 것은 아브라함에게 잔인한 것일 수 있다. 자기에게 가장 약점이 되는 것을 놓고 다른 사람을 위해 기도한다는 것이 얼마나 고통스러운 일이겠는가?

하나님은 아브라함의 기도를 들으시고 아비멜렉 집의 태를 치료하셨다. 그런데 놀라운 사건은 창세기 22장에 있다. 하나님이 아브라함과 사라에게 아들을 주신 것이다.

하나님은 우리가 기도할 때, 그 기도를 들으시고 치료하신다. 그런데 그 사람만 치료하지 않으시고, 기도한 사람도 동일하게 치료하신다. 우리는 축복의 대상이 아니라 축복의 통로이기 때문이다. 기도의 종착점이 아니라 통로로써 사용하시기 때문이다. 아브라함을 통해 열방이 복을 얻도록 하신다. 나를 통해 내 주변이 복을 얻게 하신다. 우리나라를 통해 주변 나라들이 복을 얻게 하신다. 그것이 하나님이 일하시는 방법이다.

하나님을 섬기는 사람으로 인해 그 가족이 형통하게 되고, 믿는 자로 인해 그 회사가 잘 운영되고, 그 교회로 말미암아 나라가 흥왕케 되고, 빛으로 말미암아 어둠이 물러가게 하신다. 기도함으로 우리 교회가 부흥하기보다 옆의 교회가 부흥할 수도 있다. 기도의 결과로 내가 직접적으로 좋은 것을 누리지 않을 수도 있다는 사실이다. 그래도 우리는 기꺼이 기뻐해야 한다.

오늘날 우리가 교회에서 기도할 때, 가난한 사람이 부자의 사업을 위해 기도하는 것과 다름이 없다. 자기 자녀가 좋은 학교에 들어가도록 기도하기보다 다른 가정의 아이가 좋은 학교에 들어가도록 기도하는 것이다. 기도는 그런 것이다. 자신을 위해 기도하는 것이 아니라 다른 사람을 위해 기도하는 것이다.

더 나아가 나에게 상처를 준 사람을 위해 기도하는 것이다. 나의 사업을 망하게 한 사람의 사업이 잘되도록 기도하는 것이다. 심지어는 나와 이혼한 배우자의 새로운 결혼 상대를 위해 축복하며 기도하는 것이다. 나에게 아픔을 주고 고통을 주는 사람에게 하나님의 축복이 임하도록 기도하는 것은 하나님을 믿는 사람들 외에는 할 수 없는 기도이어야 한다.

나보다 더 행복하고, 나보다 더 부유하고, 나보다 더 높은 위치에 있도록 기도할 준비가 되어있는가? 아브라함은 다른 사람을 위해 기도했다. 자신이 원하는 것을 구하지 않았다.

"무속을 믿는 사람은 기도할까요? 누구를 위해서요?"

"자신을 위해서"

"불교를 믿는 사람은 기도할까요? 누구를 위해서요?"

"자신을 위해서"

"그러면 하나님을 믿는 사람은 기도할까요?"

"당연히 기도하죠."

"누구를 위해서요?"

"자신을 위해서"

우리의 생각이 위와 같다면, 기도를 잘못 알고 있다. 자신을 위해서가 아니라 하나님의 나라와 의를 위해 구해야 한다. 성경은 우리의 먹을 것과 쓸 것을 주님이 준비하시고 공급하신다고 말한다. 이것은 이방인들이 구하는 것이다. 이방인들이 구하는 것을 구하지 말고, 하나님의 나라와 의를 구하라고 하신다. 곧 하나님의 뜻을 구하라고 말씀하신다. 그러나 우리는 무엇이 그렇게 불안한지, 자기 필요를 구체적으로 구하기에 바쁘다. 하나님은 사람의 기도를 통해 일하신다.

어느 종교든 그 종교의 신을 믿는 사람은 그 신에게 기도한다. 그런데 신을 어떤 존재로 믿느냐에 따라 기도는 달라진다. 그 신의 성품이나 행함에 따라, 그 종교를 믿는 사람들의 기도는 완전히 달라진다.

기도와 시간

시간의 주관자는 하나님이시다. 그 시간과 밀접한 관계를 맺는 것이 기도이다. 또한, 현재는 과거의 결과이다. 기도는 하나님과 함께 새로운 현실을 창조하는 것이다. 하나님은 창조를 멈추지 않으셨다. 태초에 창조하기 시작하면서 현재에도 여전히 창조하고 계신다. 시간은 하나님의 피조물이다. 인간은 살아보지 않은 시간에 현재를 사는 것이다. 인간은 한 번도 경험하지 않은 상황과 환경에서 살고 있다. 현재는 과거에 있었던 상황이나 환경이 아니라, 과거와는 전혀 다른 시간이라는 존재 속에 진행되고 있다.

현재라는 시간은 과거의 진행된 과정에서 지나가는 현재이다. 그런데 우리가 기도한다는 것은 그 시간의 흐름 속에 있다는 사실이다. 기도한다는 것은 과거의 연속성 속에서 미래에 관해 이야기를 하는 것이다. 과거를 정리하는 기도이기도 하지만, 현재는 미래를 위한 창조의 시간이다. 이 창조는 하나님이 만드시는 시간 속에서 기도하고, 하나님의 의도 속에 인간의 기도가 연결되어 기도하면서 하나님의 응답을 경험하게 된다.

기도가 응답된다는 것은 지극히 인간적인 관점이다. 기도는 응답되는 것이 아니라 하나님 뜻의 실현일 뿐이다. 사람이 하나님 뜻의 실현을 경험하는 것이 기도의 응답일 뿐이다. 사람의 의도하는 것이 이루어진 것이 아니라, 하나님의 의도하신 것이 하나님의 의도에 따라 환경과 상황으로 조성되면서 사람의 경험 속에 환경과 상황으로 나타난 것이다.

사람들은 만족하는 결과를 가져오면 자기 기도가 응답되었다고 하지만, 사실은 하나님의 의도 속에 사람이 있는 것뿐이다.

사람은 시간을 되돌릴 수 없다. 시간은 앞으로만 진행된다. 하나님의 방향으로 흘러간다. 사람에게는 시작과 끝이 있지만, 하나님은 시작도 없으시고 끝도 없으시다. 사람은 유한하지만, 하나님은 영원하시다. 시작과 끝이 없기 때문에 영원하시다고 말한다.

기도를 오랫동안 했다고 해서 응답되는 것이 아니다. 정말 오랜 시간 동안 기도했음에도 기도의 응답이 전혀 없는 일도 있다. 그러면 우리는 실망하면서 기도를 포기하고 싶을 때도 있다. 그런데 왜 기도가 응답되지 않는지 고민하면서 낙심할 때, 하나님이 우리의 기도를 듣고 계신다는 사인으로 또 다른 기도가 응답되는 것을 경험하기도 한다.

어떤 기도를 별로 하지도 않고 기대하지도 않았는데 응답되면, 우리는 놀라기도 한다. 너무 엄청난 일이라서 과연 하나님이 응답하실지 기대하지 않았지만, 신실하게 응답하시는 것을 보며 다시 한번 기도할 용기를 얻고 격려를 받는다.

우리가 알 수 있는 것은 기도의 양과 시간은 상관이 있기도 하지만, 때로는 별로 상관이 없다는 것이다. 한마디로 말하면, 전적으로 하나님의 주권에 달려 있다. 기도의 응답은 하나님께 달려있다는 사실을 받아들여야 한다.

이를 통해 알 수 있는 것은 우리가 기도의 훈련 가운데 있다는 것이다. 첫째로는 하나님의 뜻을 구하며 하나님께 의뢰하는 기도이다. 둘째로는 점차 기도의 넓이를 넓히면서 나의 주변 사람과 사회를 보기 원하신다는 것이다.

개인의 히스토리 속에 하나님이 계신 것이 아니라, 하나님의 히스토리 속에 우리가 등장하는 것이다. 나의 삶에 주님이 찾아오셔서 나를 부르시고 사명을 주시며, 하나님의 히스토리로 부르신 것이다.

처음에는 나 중심의 히스토리 속 주님이시지만, 나중에는 하나님 중심의 히스토리 속에 내가 등장하면서 나라를 움직이는 일에 사용하신다. 열방을 움직이는 기도 속에 우리를 부르시고, 열방 가운데서 사용하신다.

기도는 듣기

우리는 기도할 때, 하나님이 들으시기를 기대한다. 그리고 하나님은 우리의 기도를 들으시고 응답하신다. 그러나 언제나 열납된 기도가 되는 것은 아닌 것 같다. 하나님의 마음과 나의 기도가 합할 때, 그 기도가 하나님이 원하시는 기도이다.

우리는 마치 시험을 치듯 기도한다. 주님이 문제를 제출하시고 그것에 맞는 답을 맞히고, 채점된 시험지를 받는 것 같이 생각한다. 정답을 맞히지 못하면 다시 시험을 치러야 할 것 같은 마음이 든다. 하나님이 원하시는 기도를 하려고 문제를 풀듯 기도한다. 문제의 해답을 얻기 전까지는 다람쥐가 쳇바퀴 돌 듯, 반복에 반복을 거듭한다.

그러나 우리는 기도의 세계관을 바꿔야 한다. 기도에 정답은 없다. 문제를 풀듯 기도할 수 없다. 아무리 정답을 맞히려고 노력해도, 그것은 마치 로또에 당첨되는 것과 같은 느낌이다.

하나님의 뜻은 분명하다. 한 번도 하나님의 성품을 벗어난 적이 없다. 하나님의 원리와 원칙 속에서 일하신다. 그런 하나님을 이해하면, 우리의 기도는 정말로 쉬워진다.

기도는 쉽다

하나님은 우리의 눈높이에서 일하신다. 우리가 알아들을 수 있는 언어로 말씀하신다. 우리가 이해할 수 있는 상황을 두고 인도하신다. 사실 안다고 하는 것도, 우리가 가진 지식이나 그 지식을 이해하는 수준에서 하나님을 이해하는 것이다. 하나님은 우리의 지식에 가둘 수 없다. 우리의 지식에 갇히지 않으신다. 우리가 생각하는 것보다 훨씬 위대하시다.

그렇기에 우리가 안다고 말하는 순간, 그것은 몰랐던 것을 인정하는 것이다. 우리가 아는 것은 하나님을 모른다는 사실을 아는 것이다. 또한, 우리가 하나님을 모르는 것은 하나님을 알고 있다는 사실을 모르고 있는 것이다. 우리는 태초에 하나님께로부터 지음을 받았다. 그렇기에 하나님이 우리를 아시고, 우리도 하나님을 안다. 죄로 말미암아 하나님을 모르는 지식으로 남겨져 있는 것이다. 그러나 하나님은 여전히 우리를 아신다.

우리가 하나님을 정의하는 순간, 우리는 지식으로 하나님을 제한하고, 우리가 아는 정도의 수준으로 끌어내린다. 그런데도 우리는 하나님을 아는 지식 가운데 나아가야 한다. 하나님은 우리에게 하나님을 알만한 지식을 남겨두셨다. 그렇기에 우리가 하나님을 아는 것은 지식이 아닌, 속사람으로 아는 것이다. 그리고 이제 성령이 우리에게 오심으로 성령을 통해 하나님을 알게 하시고, 예수 그리스도를 주라 시인하도록 도우신다. 또한, 하나님을 더욱 구체적으로 알도록 우리의 삶 가운데 역사하신다.

우리가 믿는 것과 아는 것은 다르다. 믿는 것을 통해 알고, 아는 것을 통해 믿는다. 우리가 믿는 것에 통로가 되는 것이 기도이고, 우리가 하나님을 알게 하는 것이 기도의 삶이다. 그래서 기도는 믿는 것이고, 아는 것이 함께 어우러져 우리의 속사람이 성장하도록 돕는다.

우리는 낯선 곳에 갈 때, 내비게이션을 사용한다. 내비게이션이 안내하는 대로 좌회전, 우회전을 반복하고 목적지에 도착한다. 내비게이션의 안내를 믿지 않으면, 원하는 목적지에 도착할 수 없다. 우리도 마찬가지다. 하나님이 성경으로 말씀하시는 것을 믿지 않으면, 하나님의 자리에 도착할 수 없다.

원하는 곳을 여러 번 방문하면, 길을 알기 때문에 원하는 목적지에 스스로 도달한다. 그런데 예수님은 어떤 분인가? 그분은 우리의 길이시다. 즉, 예수님의 길을 따라가면 내가 원하는 곳에 도착할 수 있다. 믿는 것이 아니라 길을 알고 있는 것이다. 아는 것을 통해 믿음의 길을 가는 것이다.

우리는 성령의 인도하심에 따라 예수님의 길을 걸을 때, 하나님을 알아가는 삶을 산다. 때로 그 길에서 벗어나도 성령의 인도하심으로 신뢰하고 믿으면, 다시 돌아올 기회가 된다.

우리가 하나님을 아는 것은 지식으로 충분하지 않다. 성령의 조명하심을 통해 하나님의 계시된 말씀이 내 삶에 원리가 되어야 한다. 또한, 내 삶에 하나님의 말씀이 원리가 되는 것처럼, 하나님의 원칙과 원리가 사회의 원리가 되게 해야 한다. 그것이 곧 하나님 나라의 모델이다. 이 땅은 완전하지 않지만, 하나님을 경험할 수 있는 최소한의 장소는 될 수 있을 것이다.

사람은 자신의 눈높이에서 하나님을 이해한다. 하나님이 어떤 분인지, 어떻게 역사하시는지 자기 수준에서만 이해한다. 하나님은 그런 우리를 아신다. 그리고 우리에게 높은 수준을 요구하시지 않는다. 하나님은 전능하시기 때문에 우리의 수준에서 역사하시는 것은 어려운 일이 아니다. 우리의 눈높이에 계신다. 그래서 우리가 기도하는 것은 우리의 수준에서 기도하는 것이다.

우리는 하나님을 올바로 아는 만큼 올바로 기도할 수 있다. 하나님을 올바로 알면 올바로 기도할 수 있는 기초가 만들어진다. 정말 기도를 잘하기 원한다면, 하나님을 올바로 아는 것에 힘써야 한다. 하나님을 사랑하고, 하나님의 임재를 갈망하고, 하나님과의 친밀한 관계를 사모하는 사람은 기도하는 사람이 될 것이다.

기도는 질문하는 것이다

하나님은 인격적이시다. 하나님의 마음을 사람에게 알리기를 기뻐하신다. 우리가 하나님을 알기 원하시고, 하시고자 하는 것을 알게 하신다. 또한, 행하시는 방법을 우리가 알기 원하신다.

하나님은 지시하시기도 하지만, 질문하기를 기다리신다. 그래서 심지어 변론하자고 하신다. 그래서 우리가 질문하는 것은 무엇인가를 알기에 좋은 도구이다. 하나님이 말씀하시는 것을 시행해야 하지만, 그것을 질문하는 것을 기뻐하신다.

우리는 기도의 자리에서 하나님께 질문하기를 머뭇거릴 필요가 없다. 하나님은 우리가 이해하지 못하는 것을 알고 계신다. 이해하지 못한 하나님의 의도를 질문하는 것은 죄가 아니다. 오히려 질문하지 않는 것이 죄일 수 있다.

때로는 기도하면서 이해할 수 없는 일들이 있을 때, 질문해야 한다. 문제의 근본적인 뿌리가 무엇인지 알기를 원하면 주님께 물어야 한다. 하나님의 뜻을 알려면 질문해야 한다. 지금 일어나는 문제의 방향이 어떻게 하면 될지 알지 못하기에, 하나님의 의도를 물어야 한다. 하나님은 기꺼이 기도하는 사람에게 알게 하신다. 그러나 모든 것을 알려주시지는 않는다는 것도 알아야 한다. 우리는 하나님이 알려주시는 만큼 알 수 있고, 보여주시는 만큼 볼 수 있다.

인격적인 하나님

우리가 하나님을 아는 것은 하나님이 허용하신 만큼이다. 하나님을 알도록 하신 것은 하나님을 알 수 있는 어떤 것을 주셨기 때문이다. 하나님은 자신을 알게 하는 것에 한계를 두셨다. 그러니 인간이 하나님을 안다고 말하는 것은 모순이다. 우리가 하나님을 아는 것이 아니라, 하나님이 보여주시는 것이기 때문이다.

하나님을 알만한 것을 두셔서 하나님을 알도록 문을 열어두셨다. 열어놓은 문으로 들어오는 사람은 하나님을 알게 된다. 그러나 그 문을 발견하고도 들어오지 않는 사람은 결코 알 수 없도록 닫아둔 문이기도 하다.

그 문이 바로 기도이다. 하나님을 안다는 것은 결국, 하나님 형상의 일부인 인격적인 부분이다. 사실 인격적이라고 하지만, 하나님의 것이다. 사람에게 나누어 주셨을 뿐이다. 사람의 것처럼 인식하지만, 본래 하나님의 것이다. 사람에게 하나님의 형상을 나누어주셔서, 하나님과 동일한 부분으로 알도록 허용하신 것이다.

하나님이 자신을 허용해서 알게 하신 것은 우리의 존재를 알도록 하신 것이다. 하나님을 알면 우리 자신을 이해하고 알 수 있기 때문이다. 하나님을 알려주시면서 사람을 알려주신 것이다. 우리 스스로는 알 수 있는 것이 없다. 그래서 사람은 지·정·의를 가진 인격체이다.

이성적인 사고를 하도록 지성을 주셨다

하나님은 사람이 지식을 습득하고, 그 지식을 사용하는 지혜로 판단하고, 인식하고, 분별하면서 결정할 수 있는 근거를 만들도록 지성을 주셨다. 그리고 지성의 근본은 하나님을 올바로 알게 하는 데 있다.

에덴의 타락으로 말미암아 인간은 본래의 지성으로 지식을 습득하거나 지식을 사용하는 지혜가 사라졌다. 왜곡되고 편협한 지식에 의존하면서 지혜가 사라졌다. 분별력이 둔해지면서 올바른 판단을 할 수 없는 상태로 사회를 구성하고, 지배하고, 역사를 이어왔다.

하나님의 지식이 얼마나 완전한지 아는가? 인간은 하나님을 아는 지식이 없는 상태에서도 자신이 가진 약간의 지식으로도 지혜롭게 살 수 있다. 그만큼 하나님의 지식은 완전하다. 지식은 역사성을 갖는다. 역사성을 갖는다는 의미는 시간의 흐름 속에서 축적된 지식이 또 다른 지식을 생성하고, 그것이 역사를 이어가는 에너지가 된다는 것이다.

사람에겐 스마트 폰이 있어서 역사성의 지식을 검색을 통해 습득한다. 예전 같으면 지식을 가진 스승이 말하면 사실 여부에 상관없이 받아드려야만 했다. 그러나 오늘날은 누가 말하든 상관없이 검색을 통해 얻는 지식을 믿는다. 스승의 기능 중, 가지고 있는 지식 전달의 기능을 스마트폰에 내어준 것이다.

지식에 대한 해석은 아직 스승에게 남아있지만, 이것도 곧 다양한 사람의 판단에 넘겨주는 과정 가운데 있다. 그것이 오늘날 변화된 사회 속에 교회의 모습이다.

예전에는 성경을 가르치거나 설교하는 사람의 권위가 있었다. 그러나 이제 성경의 지식이 스마트폰을 소유한 사람에게 넘어갔다. 성경을 해석하고 원리를 가르치고 제시했던 부분도 각자의 가치관에 따라 다르게 해석하고, 다르게 적용하는 사회가 되었다는 것이다.

오늘날 기도 사역도 상당한 변화를 보여준다. 예전에는 그저 기도하기만 하면 됐지만, 이제는 분명한 정보를 토대로 기도하기를 원한다. 잘못된 정보를 가지고 그 기반 위에서 기도하는 것은 잘못된 기도를 할 수밖에 없는 결과를 가져오기 때문이다. 그래서 이 마지막 때의 싸움은 거짓과의 싸움이다. 다른 말로 한다면 지식의 전쟁이다.

올바른 지식이 올바른 기도의 터를 만든다. 그런데 사실과 진리는 다르다. 옳고 그름보다 중요한 것은 그것이 진리인가, 아닌가이다. 좋은지, 나쁜지를 구별하는 것은 주관적이다. 옳고 그름은 좀 더 객관적인 사실관계를 요구한다. 그런데 진리인가, 거짓인가는 사실관계를 넘어서는 신적인 차원이다.

진리는 옳고 그름의 문제가 아니라 하나님 편에 있는가, 하나님을 대적하는 편에 있는가의 문제이다. 옳은 것이 모두 하나님 편에 있지는 않다. 왜냐하면, 사람의 관점에서 옳음이 하나님을 대적하기도 하고, 사람들 편에서 그름이 하나님의 편에 있기도 하기 때문이다.

예를 들어, 동성혼이 합법화된 나라에서는 동성혼을 인정하는 것이 옳음이고, 반대하는 것이 그름이다. 그 옳음은 하나님을 대적하고, 그름은 하나님 편에 있다. 또한, 하나님 성품의 관점에서 동성혼을 반대하는 것이 미워하는 것이라면, 하나님을 반대하는 것이다. 하나님은 죄인을 사랑하시지만, 죄의 행위는 미워하시기 때문이다. 그런데 사람은 죄를 행하는 사람을 미워하는 것이 정의로운 것처럼 오해한다. 그래서 죄를 행하는 사람을 정죄하는 것이 하나님이 원하시는 것이라는 모순에 빠진다. 하나님은 죄의 행위를 사랑하지 않으신다. 그러나 죄 가운데 빠져 있는 사람은 사랑하신다.

"하나님이 여러분을 사랑하십니까?"

"네."

"여러분을 언제부터 사랑하셨습니까? 예수님을 믿은 후부터입니까, 예수님을 알기 전부터입니까?"

"우리가 아직 죄인 되었을 때부터요."

"하나님은 이슬람 믿는 사람을 사랑하십니까?"

"네. 하나님은 이슬람을 믿는 사람은 사랑하시지만, 이슬람을 믿는 행위는 사랑하지 않으십니다."

"하나님은 동성애자를 사랑하십니까?"

"네" 혹은 "아니요."

하나님 나라는 고작 동성애 때문에 무너지지 않는다. 동성애자들에 대한 잘못된 인식이나 태도가 오히려 하나님 나라에 방해가 될 수는 있다. 하나님은 능력의 하나님이시다. 인간의 죄로 인해 예수 그리스도의 구원 역사가 제한받지 않는다. 그리스도의 십자가 능력은 그렇게 나약하지 않다.

하나님이 더 관심 있게 보시는 것은 하나님을 올바로 알지 않은 상태에서 죄인과 죄의 행위를 구별하지 못하는 그리스도인들의 생각이다. 죄인을 사랑하면 죄의 행위를 미워할 수 있다. 그러나 죄인을 사랑하지 않기 때문에 죄의 행위도 미워할 수 없는 것이다. 사람을 사랑하면 그 사람을 괴롭히는 문제를 미워할 수밖에 없다.

하나님이 보시는 관점이 바로 사람을 사랑하는 관점이다. 사람을 사랑하기 때문에 그 사람의 죄의 행위를 미워하신다. 예수님이 십자가에 죽으신 것은 사람을 사랑하시기 때문이다.

기도는 할 때, 위력이 있다. 기도하는 동안 하나님의 지식으로 하나님의 관점을 가지려고 하기 때문이다. 기도한 후, 기도하는 동안의 상태를 어떻게 유지하느냐가 기도의 열매이다.

하나님은 모든 지식을 가지고 계신다. 사람이 하나님의 지식을 활용하는 것뿐이다. 기도는 하나님의 그러한 온전한 지식을 사용하고 활용하는 지혜이다. 하나님의 지식을 올바로 사용하는 것이 바로 이성이다. 이성은 축적을 위한 것이 아니라 하나님의 지식을 받아들이고, 인정하고, 올바르게 사용하는 것에 목적이 있다.

하나님은 감정을 가지고 계신다

하나님은 기뻐하시고, 슬퍼하시고, 사랑하시고, 미워하신다. 그리고 인간이 가진 모든 감정의 스펙트럼 이상을 소유하신다. 사람은 저마다 감정의 스펙트럼이 다르다. 어떤 사람은 슬픔이나 기쁨의 폭이 넓기도 하고, 어떤 사람은 한쪽으로 치우쳐 있다. 어떤 사람은 호불호가 명확하지만, 또 어떤 사람은 모호하다.

기도에 있어서 정말 중요한 것은 공감능력이다. 기도는 공감하는 것이다. 하나님이 느끼시는 감정을 사람이 함께 느끼도록 그 문을 열어두셨다. 하나님이 기뻐하며 좋아하시는 것을 사람도 좋아하기 원하신다. 하나님이 슬퍼하는 것을 사람도 슬퍼하길 원하신다. 하나님이 사랑하고 즐기시는 것을 사람도 사랑하고 즐기길 원하신다. 또한, 하나님이 싫어하시고 원하지 않을 뿐 아니라 미워하시는 것을 사람도 싫어하고 미워하길 원하신다.

공감능력은 지적능력과 다르다. 상대방을 이해하는 것과 상대방의 마음을 공유하는 것은 다르다. 마찬가지로 하나님의 생각을 이해하는 것과 하나님의 마음을 함께 느끼는 것은 다른 것이다. 기도는 하나님의 감정 상태 가운데 머무는 것이다. 그리고 우리가 하나님께 그 마음을 부어달라고 기도할 때마다 하나님은 그 감정을 부어주시길 기뻐하신다.

하나님의 마음을 가질 때, 하나님의 생각을 알고 하나님의 행하시는 방법을 자연스럽게 배우게 된다. 기도는 연습이라고 하지만, 하나님의 마음에 공감하지 못한다면 아무리 연습해도 발전되지 못한다.

공감능력이 부족한 사람에게 하나님은 고통을 허락하셨다. 그래서 사람은 고통을 느낄 때, 고통에서 벗어나게 해줄 존재를 찾는다. 그런데 하나님은 인간의 고통에 같이 공감하신다. 인간만이 가진 고통이 아니라, 하나님이 함께 아파하고 진통하신다. 인간의 고통은 기도로 이어지는 통로가 된다.

고난이라는 환경 속에서 실제로 느끼는 고통의 무게는 다르다. 내가 느끼는 고통의 강도는 최악이다. 타인이 볼 때 고통이라고 여길 수 없는 것도, 나는 견디기 어려울 만큼 힘겹다. 그것이 인간이다.

사람은 하나님의 고통을 아는가? 그러면 하나님은 고통을 가지고 계신가? 하나님의 고통은 인간의 고통이다. 인간의 아픔을 그대로 느끼고 공감하신다. 나의 고통을 그대로 전달받으시고 눈물을 흘리신다.

사람이 고통을 겪는 것은 하나님의 고통을 느끼고, 다른 사람의 고통을 간접적으로 느끼는 기회가 된다.

"너는 나처럼 겪어보지 않아서 몰라! 네가 나의 고통을 어떻게 알아!"

물론 그렇다. 사람은 타인의 고통을 직접적으로 체휼할 수 없다. 하나님으로 인해 간접적이나마 느낄 수 있다. 그런데 사람은 하나님과 멀어지면서 타인의 고통에도 무감각해진다. 사람들이 둔해지는 것은 하나님의 마음에 둔해지기 때문이다. 하나님의 감정에 무감각해지는 만큼, 사람의 고통에도 무감각해져서 나의 감정에 고립되는 것이다.

기쁠 때 기뻐하고, 슬플 때 슬퍼하고, 사랑하고 미워하는 것은 지극히 정상이다. 무엇을 기뻐하고 무엇을 슬퍼하고, 누구를 사랑하고 어떤 행위를 미워해야 하는지 그 대상이 중요하다. 그런데 우리는 기뻐하지 말아야 할 것을 기뻐하고, 슬퍼하지 않아도 되는 것에 깊이 슬퍼한다. 사랑하지 말아야 할 것을 사랑하고, 미워하지 말아야 할 사람을 증오한다. 문제는 인간의 감정이 아니라 대상 설정이다.

  기도는 기뻐하고, 슬퍼하고, 사랑하고, 미워해야 하는 것을 분명히 배우게 한다. 그런데 대상 설정이 잘못되어 있는 것을 깨닫지 못하고 인간의 감정이 잘못되었다는 결론에 이르면, 결국 하나님과의 공감에 벽을 만든다. 우리의 모든 감정을 온전케 하는 분은 하나님이시다. 하나님은 인간의 감정도 창조하셨다. 아니, 하나님이 가지고 계신 감정을 사람에게 나누어주셨다.

  나는 연쇄살인을 저지른 사람의 인터뷰를 아직도 기억한다. 그가 살인을 저지른 날, 편안히 단잠을 잤다고 한 것은 경악할 일이었다. 그가 기뻐하는 것은 보통의 사람과는 전혀 다른 것이었다. 타인의 고통이 자기의 기쁨이 되는 것이다. 타인의 죽음이 평안을 주는 것이다. 그러나 하나님은 악인의 죽음을 기뻐하지 않으신다. 악인의 죽음마저도 슬퍼하신다.

  성경은 '돈을 사랑하는 것이 일만 악의 뿌리'라고 한다. 사람을 사랑하는 것이 아니라 돈을 사랑함으로써 많은 악을 생성하기 때문이다. 심지어 교회에서조차 돈을 사랑하게 하는 세미나나 돈을 사랑하게 하는 기도를 한다. 거룩한 돈이라고 포장하지만, 실상은 그 내면에 여전히 탐욕을 키우는 종교적인 행위일 뿐이다. 돈은 돈일 뿐이다. 그렇다고 돈이 필요 없다는 말은 아니다.

  사랑하면 기도한다. 사랑하는 것을 위해 기도하는 것은 인간의 정상적인 행동이다. 열방을 위해 기도하자고 할 때 기도 소리가 웅성거리는 정도이고, 자녀를 위해 기도하자고 할 땐 소리를 지르고 큰 소리로 간절히 기도하는 것을 흔히 볼 수 있다. 사랑하기 때문에 간절해지는 것이다.

기도는 하나님이 사랑하시는 것을 나도 사랑하고, 하나님이 미워하시는 것을 나도 미워하기로 하는 현장이다. 그리고 하나님은 나를 사랑하실 뿐만 아니라 열방을 사랑하신다. 그래서 우리도 열방을 사랑함으로 기도하게 된다.

기도를 잘하고 싶은가? 비결은 사랑하는 것이다. 무엇을 사랑하느냐가 아니라 누구를 사랑하느냐이다. 물건이나 행위를 사랑하는 것이 아니라 존재를 사랑하는 것이다. 하나님이 사랑하라고 하실 때, 분명하게 말씀하신 것은 사람이다. 사람을 사랑하는 것은 그 사람의 어떠함과 상관없이 사랑하는 것이다. 그 사람의 행위나, 환경이나, 사회적 위치나, 돈의 여부에 상관없이 사랑하는 것이다. 그런데 사랑은 감정만이 아니다. 여러 가지로 설명되고 표현된다.

하나님의 마음에 공감하며 사람의 마음에 공감하는 사람이 기도한다. 사람의 죄 행위에 집중하기보다 그 내면에 집중하면, 그 사람의 마음을 느끼고 같은 자리에 서게 될 것이다. 그러나 조심해야 할 것은 죄를 두둔하거나 합리화하는 것이다.

하나님은 의지를 주셨다

하나님의 뜻은 나의 가능성이고, 나의 가능성은 나의 의지 안에 있다. 하나님의 뜻을 이해할 때 중요한 것은 하나님이 하시고자 하는 의도이다.

하나님은 의도를 가지고 무언가를 하려고 하실 때, 사람을 통해 일하시기도 한다. 그리고 그때, 하나님은 사람에게 소망을 부어주신다. 하나님의 마음을 부어주셔서 그 마음에 소망이 자라나게 하시고, 그 소망이 간절함이 되어 원하는 바가 이루어질 것을 구하게 하신다. 하나님은 이미 준비하셔서 그 일을 시행하신다.

사실, 하나님은 그렇게 하지 않아도 얼마든지 그 의도를 이룰 수 있는 분이다. 그런데 왜 사람에게 소망을 주셔서 간절함이 있게 하실까? 하나님이 그냥 하셔도 되는 것에 왜 굳이 사람을 동원하시는가 말이다. 그것은 하나님이 하시고자 하는 의도에 사람이 함께 참여하길 원하시기 때문이다.

그래서 우리를 향한 하나님의 뜻은 우리의 가능성으로 자리 잡는다. 그 가능성은 내가 취하여 하나님의 의도를 이해하고 순종하며, 하나님의 인도하심을 구하여 따라가는가에 달려 있다.

우리 안에 일어나는 간절함이 소망이 되고, 원하는 것이 되며, 선택과 의지로 나타나길 원하신다. 근본적으로 죄에 대한 선택도 같다. 죄를 선택하는 사람의 마음을 보면, 죄에 대한 간절함과 욕심이 작동되면서 의지로 죄를 선택하는 과정이 있다. 바로 그것이 에덴동산에서 선악과를 선택한 인간의 본성이다.

하나님은 날마다 우리에게 하나님을 선택할지, 죄를 선택할지 결정하게 하신다. 그리고 그 모든 선택의 결정을 존중하신다. 하나님을 선택하면 하나님과 관계를 맺고, 죄를 선택하면 죄와 관계를 맺기 때문이다. 하나님은 우리 안에서 성령으로 깨닫게 하시고 인도하시고 도우셔서, 하나님의 뜻에 합당한 삶을 살도록 역사하신다.

기도는 선택이다. 하나님이 말씀하시고, 깨닫게 하시고, 인도하시고, 도우시는 역사하심을 우리가 기도라는 과정 가운데 알기를 원하신다. 우리의 의지가 하나님의 뜻을 선택하도록 도우신다. 그렇기에 우리가 기도하는 것은 의지의 연습이다. 욕구와 욕심과 가치관이 있음에도 거룩한 욕심과 가치관이 나의 선택이 되게 하는 것이다.

예를 들어보자. 하나님은 나에게 DTS를 하도록 마음을 주셨다. 그리고 중보기도자들을 위한 DTS를 준비하도록 인도하셨다. 그래서 학교 이름이 '중보기도자를 위한 DTS'였다. 이 학교를 언제 시작하면 좋을지 생각하다가 다른 지역에서 하는 학교 일정과 가능한 한 겹치지 않는 게 좋겠다는 생각이 들어 리서치해보니, 11월에는 어떤 학교도 시작하지 않았다. 아마도 미국의 11월과 12월은 가장 행사가 많을 때라서 그럴지도 모른다.

그 후, 나는 학교 일정을 정하고 강사 섭외도 마쳤다. 그리고 예산을 짰다. 미국은 비싼 곳이기도 하지만, 저렴하게 운영할 수 있는 곳이기도 하다. 무엇을 어떻게 준비하느냐에 따라 예산은 완전히 달라진다. 그래도 일반적으로 이해할 수 있는 정도의 예산을 고려하며 산정했다.

최종적으로 일 인당 학비는 4,000불 정도 받아야 학교가 운영될 수 있을 것 같았다. 초청하는 강사의 수준도 고려하고 학생들과 간사들이 생활하는 공간과 음식을 고려한다면, 그래야 할 것 같았다.

이제 모든 예산과 강사 섭외와 일정을 책상에 두고 주님 앞에 머물렀다. 물론 준비하는 과정에서도 기도하며 주님의 인도하심과 뜻을 구했지만, 최종적으로 다시 한번 주님의 마음과 뜻을 구하고 싶었다.

그때, 하나님은 내가 처음 DTS 훈련을 받으러 갔을 때를 기억하게 하셨다. 나는 대학을 막 졸업하고 하나님의 뜻을 구하며, 삶을 주님께 드리고 싶은 강한 열망으로 DTS에 갔었다. 그러나 나에겐 DTS에 내야 할 학비가 없었다. 너무도 가난한 시절이었기에 정말 드릴 것이 삶밖에 없어서 나의 전부를 드리기 쉬울 때였다.

나의 젊은 청년 때처럼, 삶을 하나님께 드리기 원하는 사람들을 위해 하나님이 말씀하시는 것 같았다. 그리고 "학비를 1,000불만 받아라."라는 생각이 들었을 때, 문득 생각난 책이 「하나님, 정말 당신이십니까?^{로렌 커닝햄, 예수전도단}였다. 하나님이 정말 이렇게 말씀하실까? 논리적으로나 합리적으로 생각할 때 말도 안 되는 것이 하나님의 생각일 수 있을까? 그런데 내 마음에는 1,000불짜리 학비를 받는 DTS가 뇌리에서 떠나지 않았다. 하나님이 정말로 이렇게 말씀하시는 것이라면 확인받고 싶었다.

그리고 나와 함께 동역하는 간사님에게 학비에 대한 생각을 나누었을 때, 그분은 너무도 기뻐하며 하나님이 주시는 생각이라고 했다. 말도 안 되는 생각이라고 말했다면 오히려 좋았을 텐데, 기뻐하며 동의하는 것을 보니 반갑지 않았다. 그러나 마음의 심연에는 말할 수 없는 평안함이 자리 잡았다. 하나님이 주시는 평안함 같았다. 그리고 평안함이 믿음으로 다가오고 그 믿음이 확신으로 새겨질 때, 나는 결정했다.

"세상에 없는 비용의 학교가 시작되겠구나!"

아내와 이러한 상황을 두고 대화하며 중보기도자를 위한 DTS를 말할 때, 아내는 좋아하며 기뻐했다. 내가 오랜 세월 동안 중보기도라는 주제를 가지고 하나님을 섬겨온 것을 누구보다 잘 알았기 때문이다. 아내가 물었다.

"학비는 얼마나 돼요?"

"1,000불!"

아내는 다시 물으며 확인했다.

"1,000불 받아서 학교가 운영될 것 같아요?"

절대 동의하지 않았다. 내가 확신에 차서 말할 때마다 아내는 절망하며 말했다.

"당신이 이 모든 재정을 책임질 수도 없을 텐데요. 이것은 불가능해요. 절대로 하면 안 돼요!"

나는 처음부터 다시 하나님께 기도했다.

"하나님이 이렇게 말씀하신 것이 맞나요? 왜 나는 이렇게 해야 하나요?"

참 쉽지 않은 시간을 보냈다. 가장 잘 이해해줄 거라 생각했던 아내가 가장 부정적으로 말하면서 동의하지 않을 때, 절망적이었다.

나는 베이스의 리더와도 생각을 나누었다. 역시 동의하지 않았다. 모든 계획이 더는 진행될 수 없다는 결론에 이르렀다. 그렇게 시간이 지나면서 나는 DTS의 본질을 생각하며, 하나님께 물었다.

"학교를 위한 학생인가요? 학생을 위한 학교인가요?"

"이 학교의 주인은 누구인가요?"

"왜 이 학교가 시작되어야 하나요?"

주님 앞에서 결정해야만 했다. 하나님은 나에게 "할 것인가? 말 것인가?"를 물으셨다. 그러나 나는 "할 수 있는가? 할 수 없는가?"를 묻고 있음을 발견했다. 결국, 나는 순종의 답을 해야만 했다. 하나님이 말씀하신 것을 내가 하는 것이 답이기 때문이다.

"하나님의 뜻은 나의 가능성이고 나의 가능성은 나의 의지 안에 있다."

기도를 가르치며 늘 하는 말이다. 나를 향한 하나님의 뜻은 나의 가능성일 뿐이다. 내가 하나님의 뜻을 알고 받아드려서 뜻으로 삼아 순종하고 하나님 앞에 행할 때, 비로소 하나님의 뜻이 나의 삶에서 성취된다. 하나님의 뜻은 여전히 나의 가능성일 뿐이다. 순종하여 행하는 의지가 있을 때, 실행에 옮겨지고 나의 삶에 실제적인 것으로 나타나는 것이다.

입으로 말하고 머리로 이해하는 것은 가상적인 믿음일 뿐이다. 실제적인 일이 닥쳤을 때, 실행에 옮기느냐는 전혀 다른 것이다.

그래서 나는 순종하기로 했다. 어쩌면 주변의 많은 사람이 만류하는 것을 하는 고집쟁이로 보일 수 있다. 다른 사람의 말을 경청하지 않는 일방적인 사람으로 보일 수도 있다. 맞다. 나는 그런 오해를 받았고, 오해가 아니라 사실이기도 했다. 나는 믿음으로 순종하며 감행하지만, 주변 사람들을 피곤하게 하는 사람이 될 수 있다. 나로 인해 주변 사람들의 마음이 얼마나 어려웠을지 생각하면, 미안한 마음이다. 혹시 나로 인해 상처받은 사람이 있다면 용서해주시길 부탁드린다.

하나님의 뜻이라면, 하나님은 상황과 환경을 열어주시고 그 뜻이 이루어지도록 동역할 사람을 보내주신다. 하나님이 정말 인도하신 일이라면, 사람들을 보내실 뿐만 아니라 실제 상황을 만드신다고 믿는다. 믿음은 억지가 아니기 때문이다. 그리고 정말 동역할 사람을 보내기 시작하셨다. DTS를 오랫동안 섬겼던 간사들과 예배를 인도하는 간사들과 소그룹을 담당할 간사들과 여러 관심 있는 사람들이 함께 기도에 참여하게 하셨다. 외로운 싸움의 시간이 지나고 동역할 사람들이 생기기 시작하면서 가시적인 상황으로 전환됐다.

학생들이 문의하기 시작했다.

"학비가 정말 1,000불 맞나요?"

"혹시 강사는 다른 DTS에서 오는 분들도 계시나요?"

"숙소는 어떤 곳인가요?"

질문이 많았다. 그럴 수밖에 없는 것이, 한 번도 이런 DTS를 접해보지 않았기 때문이다. 학비는 3개월 강의 기간 1,000불이 맞고, 강사 역시 다른 학교와 거의 동일하고, 숙소도 기도원 전체를 빌렸고, 산 위에서 도시를 내려다 볼 수 있는 안전하고도 멋진 곳이었다.

그런데 한 가지, 마음에 걸리는 것이 있었다. 곧 학교가 시작되는데 학생과 간사와 아이들까지 46명이 생활하는데 필요한 먹을 것이 준비되지 않은 것이다. 먹을 것은 어떻게 할 것인가에 대해 질문을 받을 때마다 나는 점점 작아지면서 믿음이 땅에 떨어지기 시작했다.

벼랑 끝에 서는 듯한 마음이었다. 그러던 어느 날, 마음이 너무 답답해서 하나님 앞에 머무는 시간이 있었다. 그때, 마음에 떠오르는 성경 구절 하나가 있었다.

"너희가 먹을 것을 주어라"

예수님이 오병이어의 기적을 일으키실 때, 제자들에게 하셨던 말씀이다. 그런데 나는 미국에서 생존하기 힘겨워하며 겨우 살고 있다. 그들에게 무엇을 줄 수 있겠는가? Revival 하려고 왔다가 지금 Survival 하고 있는데 말이다. 그래서 그 말씀은 잠시 마음에 담아두기로 했다.

얼마 뒤, 어떤 목사님을 만나 인사를 하고 명함을 주고받는데, 그 명함에 성경 구절이 크게 쓰여 있었다.

"너희가 먹을 것을 주어라"

그분은 사람들에게 음식을 나누는 사역을 하고 있던 것이다. 나는 마음에 "하나님이 이 목사님을 말씀하시는가 보다." 했다. 그래서 내가 하는 사역을 소개하고 도움을 요청했다. 그 목사님은 흔쾌히 기도해보겠다고 하셨다. 그러나 시간이 지나도 답이 없었다. 그래서 전화를 드리니, 목사님은 죄송하다고 하시며 완곡한 거절을 하셨다.

나는 다시 하나님 앞에 나아가 기도하며 인도하심을 구했다. 그런데 하나님이 말씀하시는 것 같았다. 그 목사님에게 다시 한번 요청하라는 것 같았다. 하나님이 이렇게 말씀하실 리가 없다.

거절한 것을 다시 요청하라고 하실 리가 없다고 생각했다. 그러나 하나님은 요청이 아니라 말하라고 하셨다. 그래서 다시 찾아갔다. 그러자 목사님은 기쁘게 다시 기도하겠다고 하셨다.

다음 날 아침, 이른 새벽에 목사님이 멕시코에서 전화하셨다.

"목사님, 오늘 아침 QT 시간에 하나님이 명확하게 말씀하셨어요. 정형섭 목사가 말하는 대로 다 들어주라고요."

할렐루야! QT는 날마다 하는 게 유익한 것 같다. 그리고 하나님의 일은 가속도가 있는 것 같다. 나는 어느 기도 모임을 인도하며 하나님이 하고 계신 일을 나누고 영광을 돌렸다. 그러자 모임이 끝난 후 어떤 분이 물었다.

"목사님, 그곳에 몇 명이 공동체 생활을 하나요?"

"학생과 간사와 아이들까지 46명이 생활할 계획입니다."

"제가 50명 정도가 먹을 쌀을 드리고 싶습니다."

그러더니 약 50명이 3개월 동안 먹을 수 있는 쌀을 살 돈을 그 자리에서 주셨다. 며칠 후에는 어떤 분이 만나고 싶다는 연락을 했다. 그리고는 자기가 일주일에 약 45리터의 우유를 드리고 싶다고 했다. 몇 군데 제과점에서는 매일 빵을 두 박스씩 제공하겠다는 연락을 했다.

또 우리는 3개월 동안 주말이 되면 LA지역에 가서 기도하고 전도하는 시간을 가졌는데, 어떤 분이 3개월 동안 사용할 수 있는 렌터카를 예약해주셨다. 어떤 분은 선교비로 모은 재정을 가져와서 헌금하셨고, 또 어떤 분은 차에 부식과 야채와 고기와 과일을 한가득 가져오셨다. 어떤 분은 중고 가전제품 판매를 하는 분인데, 우리가 사용할 수 있도록 설치해 주겠다고 하셨다. 조건은 어떤 재정도 자신에게 주지 않는 것이었다.

"하나님은 이렇게 일하시는 분이구나!"

물론 지금까지 사역하면서 하나님은 역사하는 분임을 알았지만, 이렇듯 소나기와 같이 역사하시는 것을 경험하며 하나님을 높이지 않을 수 없었다.

하나님은 이 일에 동역하고 참여한 사람들의 땀과 수고와 눈물을 통해 일하셨다. 나는 믿음의 순종을 했을 뿐이다.

그렇게 날마다 공급하시는 하나님을 경험하면서 학생들도 날마다 하나님이 무엇을 공급하실지 기대했다. 강의 시간에 들은 내용은 잊어도, 학교 기간에 먹었던 것은 기억했다.

그리고 강의 기간이 지나면서 우리는 전도 여행을 준비했다. 하나님께서 학생뿐만 아니라 간사들도 전도 여행에 참여할 것을 말씀하심으로, 간사들도 2주의 전도 여행을 준비하게 되었다.

그런데 학생들의 재정을 점검하자, 전도 여행비가 준비된 사람은 불과 3~4명에 불과했다. 나는 그들에게 강단 앞 화이트보드에 자신이 필요한 재정의 액수를 쓰라고 했다. 거의 모든 학생이 나와서 필요한 재정을 기록했다. 간사들의 전도 여행비를 제외하고 계산해보니, 약 97,000불가량 되었다. 원화로 환산하면

1억이 넘는 재정이다.

순간, 다시 한번 믿음이 바닥에 내동이 치는 듯했다. 재정 준비가 안 되었는데 어떻게 전도 여행을 갈 수 있을까? 재정 문제는 재정의 기회다. 하나님의 기회다. 그러나 지금까지 하나님이 공급하신 것을 경험했음에도 여전히 닥친 현실에 두려워했다.

나는 하나님께 기도했고, 하나님은 재정을 서로 나누도록 하셨다. 그리고 자기가 가진 것을 서로 나눌 때, 놀라운 일이 벌어졌다. 전도 여행에 필요한 재정이 외부로부터 공급되면서, 모두 채우신 것이다. 그 재정은 하늘에서 떨어진 것이 아니다. 학생들과 간사들과 예수전도단의 사람들을 통해 공급하신 것이다.

복음이 필요한 곳에 가는 사람도 순종한 것이지만, 그들이 갈 수 있도록 재정으로 순종한 사람도 하나님이 동일하게 칭찬하시리라 믿는다. 하나님의 나라는 혼자 이루어지지 않는다. 동역하는 사람들과 연합하여 이루어진다.

"하나님의 뜻은 나의 가능성이고 나의 가능성은 나의 의지 안에 있다"라는 말을 다시 한번 경험하는 시간이었다. 믿음의 많은 사람이 이런 경험을 했을 것이다. 나만의 이야기가 아니라고 믿는다.

내가 그때 내 이성으로 계산하여 시작하지 않았다면, DTS는 존재하지 않았을 것이다. 책임지고 싶지 않아서 모든 계획을 내려놓았다면, 아마도 학생들은 하나님을 경험할 수 없었을 것이다. 내가 사람들에게 동역하자고 권하지 않았다면, 그들도 하나님의 역사에 동참할 기회가 없었을 것이다.

모든 위험을 넘어서고 두려움과 싸우는 믿음의 의지가 하나님의 일을 이루어낸다. 그러나 고집이 되고 싶지는 않다. 언제든지 하나님이 내려놓으라고 하시면, 고집부리지 않고 내려놓을 준비가 되어있다. 포기할 것을 포기하는 것이 믿음인지도 모르겠다.

하나님은 그 뜻에 순종하는 사람들을 통해 일하신다. 때로는 논리적이지 않고, 비이성적이고, 합리적이지도 않아도 순종해야 할 때가 있다. 그러나 모두가 이렇게 해야만 믿음이라고 한다면 억지이다.

기도는 언어이다

말은 사람의 인격을 통과하면서 나오는 내면의 힘이다. 그래서 사람의 말은 능력이 있다. 사람을 살리기도 하고, 찌르는 비수 같기도 하다. 또한, 말하는 사람이나 듣는 사람이 소리로 진동된 말에 일치하면서 하나로 묶인다. 말로 약속하기도 하고, 서로를 확인하고, 서로를 나누기도 한다. 그렇기에 말은 서로의 관계에 보이지 않는 길이다. 그 길은 말하고 듣는 인격적인 관계 속에서 이루어진다.

기도는 하나님이 하시는 말을 듣는 것에서부터 출발한다. 그리고 하나님의 말이 우리의 속사람과 인격을 통과하면서 새로운 언어로 입술을 통과하여 소리로 이어질 때, 새로운 현실을 만든다.

    기도의 말은 하나님을 향한다. 그리고 어둠의 영을 향한다. 그 결과는 사람과의 관계 속에서 영향력을 미친다. 또한, 기도는 들음과 간구와 명령과 선포이다. 하나님을 향해서는 듣고 간구하고, 어둠의 영을 향해서는 명령한다. 그리고 세상을 향해서는 선포한다. 우리가 이미 아는 기도의 일반화된 것을 언급하면서 기도가 얼마나 인격적이어야 하는지 보기 원한다.

선하신 하나님

기도는 하나님의 선하심을 인정해야 할 수 있다. 하나님은 선을 위하여 악을 조장하는 분이 아니다. "하나님은 언제나 선하시다"라는 말이 바로 그런 뜻이다.

나는 청소년 시절, 처음 교회에 갔다. 교회 총동원 주일이어서 친구가 한 번만 가자고 했다. 교회가 궁금하기도 하고 하나님을 믿는다고 하는데 어떤 곳인지 알고 싶었다.

주일 예배 시간에 자리에 앉아 주변 사람들을 관찰했다. 기도하는 사람도 있고, 성경을 보는 사람도 있고, 인사하며 대화하는 사람도 있었다. 그리고 예배가 시작되었다. 목사님이 기도하신 후, 사람들은 내가 알 수 없는 찬송가를 함께 불렀다. 찬송가는 처음 들어보았지만, 마음이 참 편안했다. 성가대가 특별한 노래를 부른 후, 목사님의 설교가 이어졌다.

처음 교회에 간 터라, 사람들이 어떻게 하는지 보고 따라 하면서 "이렇게 기도하는 거구나! 이렇게 성경을 찾고 이렇게 설교를 듣는 것이 예배이구나!"라고 생각했다. 그리고 목사님의 설교를 들으며 내 일생의 의문점이 한순간에 풀렸다.

나는 그동안 "왜 장애로 살아야 하나? 나는 왜 다른 사람처럼 걸을 수 없고 이렇게 불편한 몸으로 살아야 할까? 나는 도대체 무엇을 하면서 살아야 할까?"라는 의문을 가지고 살았다. 그런데 그 날, 목사님의 설교 내용은 소경이 소경 된 것은 부모의 죄도 아니고, 자신의 죄도 아니고, 하나님의 영광을 위한 것이라는 거였다.

"내가 장애가 된 것은 부모의 죄가 아니구나! 나의 죄도 아니구나! 그런데 하나님의 영광을 위하여 그렇게 된 것은 무엇일까?"

도무지 이해할 수 없는 말이었다. 그래도 부모의 죄나 나의 죄로 말미암아 이렇게 된 것은 아님을 알게 되었다. 그래서 좀 더 교회에 나가보기로 했다. 그 후, 나는 지금까지 하나님의 영광을 위해 장애로 살고 있다는 것을 깨달으며 살고 있다.

그런데 그날, 예배를 마친 후 한 권사님이 나를 보더니 "하나님이 너를 사랑하신다. 감사해라"라고 했다. 그리고 내가 목발을 짚고 있는 것을 보더니 "하나님이 너를 예수님 믿게 하시려고 다리를 불편하게 하신 거야. 감사해라."라고 했다.

"아, 하나님이 나를 이렇게 만드신 것이구나! 나를 이렇게 만들어서 예수님 믿게 하려고!"

그날, 나는 감사했다. 그러나 시간이 지나면서 내 안에 점점 의문이 들었다.

"하나님은 선하시다면서 왜 나를 이렇게 만드셨을까? 이렇게 만드셔야만 내가 예수님을 믿을 수 있는 것인가? 그렇다면 하나님은 전능하기는 하신 걸까?"

끝없는 의문들이 내 안에 있었다. 그리고 하나님에 대한 원망이 일어났다. 나를 이렇게 장애로 만드셔서 예수님을 믿게 하셨다면, 앞으로 또 무슨 일들을 만드셔서 이끌어 가실 것인가? 나를 구원하신 것에 대한 감사도 있었지만, 하나님에 대한 원망도 있었다. 감사와 원망이 공존했다.

그러나 지금은 더는 그렇게 믿지 않는다. 하나님은 언제나 선하시다. 하나님은 선을 위해 악을 조장하는 분이 아니다. 하나님을 믿게 하기 위해, 불행하게 만들지 않으신다. 나에게 잘못된 하나님의 개념을 가르쳐준 사람은 바로 그 교회의 권사님이다. 아마도 권사님은 덕담으로 격려와 위로를 주려고 한 말이겠지만, 내가 하나님을 왜곡되게 아는 것에 큰 역할을 했다.

많은 사람이 하나님의 선하심에 대한 신뢰가 없다. 그런데 하나님이 선하시지 않다면, 우리는 기도할 동기를 얻지 못한다. 그러자 기도함으로써 하나님을 선한 상태로 만들려는 시도를 보게 된다. 좋은 일을 만들어서 하나님이 나를 선하게 대하시도록 기도하려고 하는 듯하다. 많은 기도로 하나님을 달래고 좋은 말과 노력으로 하나님을 선한 상태로 만들려고 한다.

교회에 오기 전 알던 신은 악한 신이다. 기도함으로 선하게 만들어야 하는 신이다. 신이 노하면 불행한 일이 닥치고, 신이 기뻐하도록 기도를 많이 해야 하고, 결코 신이 임해서는 안 된다. 신이 임하는 것은 신 내림이고 그것은 신병이다. 신이 내릴 때까지 아프고 결국 신이 내리면 병이 낫고 신이 원하는 대로 살아야 한다. 이것이 한국 사람들이 가지고 있는 신에 대한 개념이다.

그러나 하나님은 전혀 다르시다. 하나님은 노하기를 더디 하시고, 선을 행하시고, 우리를 악에서 지키시고, 보호하시고, 의로우시고, 공평하시고, 영원하실 뿐만 아니라 크고 세밀하신 분이다. 또한, 예수님을 믿으면 성령 곧 거룩한 영이 우리 가운데 임하신다. 세상의 신과는 전혀 비교할 수 없다.

그런데 사람들은 자기가 아는 신의 성품으로 인해 하나님을 두려워한다. 그리고 선하신 하나님에 대한 신뢰가 없기 때문에, 의심하고 의존하고 구걸할 수밖에 없는 기도를 한다.

한국 교회에 기도가 변화하려면 하나님에 대한 올바른 지식과 건전한 경험이 필요하다. 하나님을 올바로 아는 만큼 올바로 기도할 수 있고, 올바로 기도한 만큼 올바른 신앙생활을 할 수 있기 때문이다. 사람은 아는 것을 믿고, 믿는 것을 행한다. 자신이 배운 것을 말하고, 아는 것을 믿음이라고 착각하기도 한다. 지적인 동의는 믿음이 아니다. 이성적인 기도의 차원에서 감성과 의지가 함께 동반되어 영적인 기초 위에서 하나님과 관계 안에 거하는 것이 기도의 시작이다.

기도는 성령과 연합하는 것

우리에겐 해야 할 기도와 하지 말아야 할 기도가 있다. 기도는 하나님께 하는 것이고, 하나님과 반하는 기도가 하지 말아야 할 기도이다. 저주하는 기도, 누군가가 죽도록 하는 기도, 건강이 훼손되도록 하는 기도, 어떤 사람의 소유나 사업이 망하도록 하는 기도, 질병이 일어나도록 하는 기도, 사고가 일어나도록 하는 기도, 불행한 마음과 우울함이 자리 잡도록 하는 기도 등 이러한 기도는 주술적인 기도일 뿐이다.

　기도는 성령에 합하여서 하는 것이다. 그러나 하나님과 반하는 기도를 하는 것은 어둠과 합하여 기도하는 것과 같다. 불행이 일어나도록 기도하는 것은 반성경적이고 반기독교적이고 반인격적이며, 이는 하나님을 반대하는 어둠과 결탁한 기도이기 때문이다.

　기도는 영적인 활동이고, 사람은 영적인 존재이다. 하나님이 영이시기에 사람은 영적인 활동이 가능하다. 영적인 활동을 할 수 있는 것은 하나님이 사람을 영적인 존재로 만드시고 하나님의 영과 연합하여 하나님과의 관계 가운데 두셨기 때문이다.

기도하는 것은 성령의 활동과 연합하여 하나님의 일을 시작하는 것이다. 하나님은 사람을 통해 일하신다. 사람의 영적인 활동을 통해 하나님의 일을 끌어내신다. 사람이 기도하는 것은 하나님 중심에서 나오는 하나님의 마음을, 성령을 통해 이해하고 동의하고 순종하고 순복하여 하나님의 일을 행하게 하시는 것이다.

우리는 스스로 기도할 수 없다. 성령이 없는 기도는 자기 희망 사항을 열거하는 것에 불과하다. 희망 사항을 열거하면서 이뤄줄 절대자를 찾는다면, 그것은 기도가 아니다.

하나님의 거룩한 영이 역사하시지 않으면 하나님의 인도하심을 받을 수 없다. 거룩한 것은 거룩한 영이 인도하신다. 하나님의 성령으로부터 시작된 기도의 내용이 되도록 성령이 인도하신다.

기도의 내용은 성경적이어야 한다. 물론 기도의 시작은 자기 문제일 수 있다. 그렇게 시작하는 기도는 지극히 당연하다. 그러나 그 기도 내용에 머물지 않고, 한 걸음 더 나아가 하나님의 뜻이 있는 자리로 들어가야 한다. 기도가 진행되고 반복되면서 내가 원하는 것은 점점 사라지고, 하나님의 원하시는 것은 더욱 분명하게 드러날 것이다. 그리고 내가 원하는 것을 구하지 않고 하나님이 원하시는 것을 구하기로 하면, 더욱더 깊은 기도 가운데 나아갈 것이다.

우리가 기도하는 것은 삶의 깊이를 만드는 것이다. 우리가 깊이를 만들면 하나님은 넓이를 만드실 것이다. 하나님의 성품에 따라, 행하시는 방법에 따라 나를 내려놓고 포기하고 하나님을 선택하는 과정 가운데 영적인 깊이를 경험하게 될 것이다.

기도는 그런 우물에서 우물물을 길어내는 것과 같다. 더 깊은 우물이라면 더 시원하고 맑은 물을 길어낼 것이다. 오염되지 않은 순수한 하나님의 뜻을 길어내기 시작할 때, 그릇에 자신이 가지고 있던 물을 버리고 깊은 곳에서 길어낸 물을 담게 될 것이다. 우리가 깊이를 만들면, 하나님은 우리 삶의 넓이를 넓히실 것이다.

하나님은 많은 사람이 우물에서 길어낸 물을 마시도록 물길을 여실 것이다. 나의 잔에 생수가 넘쳐나서 주변으로 흘러가게 하실 것이다. 나의 잔이 깨져서 그 물이 흘러가기보다 나의 잔이 넘쳐서 흘러가는 것이 하나님의 원하시는 모습일 것이다.

공의의 하나님

정의를 말하는 만큼 눈물도 있어야 한다. 세상의 불의와 맞서고 감춰진 불의를 드러내고 하나님의 정의가 사회의 원리가 되도록 기도하는 것은 교회가 마땅히 갖춰야 할 기도이다. 그런데 그런 부르짖음과 행동 속에는 하나님의 눈물이 있어야 한다.

세상의 불의와 싸우기 시작할 때, 기도하는 사람의 마음에 일어나는 분노가 있다. 우리는 그것을 주님의 십자가 앞에 가져가는 것이 필요하다. 세상의 불의에 대한 분노는 나의 분노가 아니라 하나님의 마음이어야 한다.

세상을 향한 분노를 십자가 앞에 가져가지 않으면, 세상을 향한 부정적인 마음으로 어느새 분노만 남고 하나님을 향한 열정은 식어감을 발견할 것이다. 그렇기에 세상의 불의에 대해 답답함을 넘어서는 분노가 있을 때, 십자가 앞에 내려놓고 그 분노가 눈물이 되게 해야 한다. 하나님의 마음은 세상을 정죄하고 파괴하는 것이 아니라, 하나님의 긍휼로 회복되고 온전하게 되는 것이다. 세상을 향한 분노가 하나님의 눈물로 바뀔 때, 기도하는 사람은 새로운 하나님의 마음을 경험하게 될 것이다.

세상을 향한 분노가 우리를 장악하지 못하게 해야 한다. 분노가 우리 안에 역사하도록 내버려 두면, 불의를 범할 때 나를 향한 분노로 바뀌게 될 것이다. 우리도 인간이기에 죄의 경계에 가까이 가기도 하고 그 경계를 넘기도 한다. 그때, 세상을 향한 분노의 불길이 우리에게 향하면, 우리를 그 분노로 태워버린다.

또한, 세상에 대한 분노가 십자가 앞에서 눈물로 바뀌지 않으면 그 눈물은 가식적인 눈물이 된다. 누구나 죄를 지을 수 있기에 자기가 범한 죄에 대해 합리화하며 슬쩍 눈물 흘리는 척을 하고 죄에 대해 무감각해진다. 그리고 눈물이 있어야 한다는 것을 머리로는 알기에 가식적인 눈물을 흘린다.

하나님이 골방으로 부르셨다면 골방으로 가야하고, 광장으로 부르셨다면 광장으로 달려 나가야 한다. 그러나 골방에서 기도하는 사람은 광장에 있는 사람을 비난하지 말고, 광장에 있는 사람은 골방에 있는 사람을 비난하지 않아야 한다. 말로 기도하는 것이나 행동으로 기도하는 것은 동일한 가치가 있다. 말로 기도하는 사람도 하나님의 마음을 가지고 기도해야 하고, 광장으로 나간 사람도 하나님의 방법으로 사람들에게 영향을 주어야 한다.

기도는 위협적이다

위협적이지 않으면 사람은 변하지 않는다

누군가가 위협하고, 상황과 환경이 위협하고, 과거의 경험이 내면에서 위협할 때, 사람들은 두 가지 반응을 보인다. 먼저는 그 위협에 저항하거나 순응하는 것이다. 두려움에 대한 반응이다. 그러나 두려움이 우리를 이끌어가지 못하게 해야 한다. 두려움은 있지만, 하나님이 나를 이끄시도록 주도권을 드려야 한다. 두려움이 우리를 이끌어 가면 감당할 수 없는 반응이 나오고, 의도하지 않은 행동으로 이어진다.

그 위협은 때로 고통이나 사고나 질병으로 다가온다. 우리는 그로 인해 두려워한다. 두려워하는 것은 너무나 자연스러운 반응이다. 그러나 누구를 두려워하는가, 무엇을 두려워하는가에 따라 나타나는 반응과 태도는 완전히 달라질 수 있다.

상황과 환경을 두려워하지 않고 하나님을 두려워하면, 우리는 오히려 담대해진다. 하나님을 두려워하고 하나님을 경외함으로 하나님께만 반응하면, 담대하고 용감한 사람으로 나타난다. 두려움을 이기는 비결은 하나님을 두려워하고, 하나님을 사랑하는 것이다.

기도는 하나님을 두려워하고 사랑하는 길이다. 우리 삶에 변화가 일어나는 것은 상황과 환경에 따른 것이 아니라, 하나님을 두려워함으로 일어나는 것이다. 하나님을 두려워하는 것은 빛의 갑옷을 입는 것이다. 어둠이 우리를 장악할 수 없게 한다.

저항하거나 순응하는 것은 변화를 가져오지 못한다. 그러나 우리가 기도하면서 하나님을 경외할 때, 담대하고 견고하게 서는 삶으로 나타날 것이다.

기도는 변화의 과정이다. 기도하며 상황을 이해하거나 받아들이며 나를 변화시킨다. 그렇기에 기도는 하나님이 우리를 새롭게 창조하는 인큐베이터와 같다. 우리는 기도하면서 주님으로 인해 새롭게 된다.

3부 　**사이 기도**

1장

하나님과 사람 사이

중보기도의 성경적 기초

그러므로 내가 첫째로 권하노니 모든 사람을 위하여 간구와 기도와 도고와 감사를 하되 임금들과 높은 지위에 있는 모든 사람을 위하여 하라 이는 우리가 모든 경건과 단정함으로 고요하고 평안한 생활을 하려 함이라 이것이 우리 구주 하나님 앞에 선하고 받으실 만한 것이니 하나님은 모든 사람이 구원을 받으며 진리를 아는 데에 이르기를 원하시느니라 하나님은 한 분이시요 또 하나님과 사람 사이에 중보자도 한 분이시니 곧 사람이신 그리스도 예수라 (딤전 2:1-5)

I exhort therefore, that, first of all, supplications, prayers, intercessions, and giving of thanks, be made for all men; For kings, and for all that are in authority; that we may lead a quiet and peaceable life in all godliness and honesty. For this is good and acceptable in the sight of God our Saviour; Who will have all men to be saved, and to come unto the knowledge of the truth. For there is one God, and one mediator between God and men, the man Christ Jesus;

성경에는 중보기도라는 단어가 없다. 한국어 성경이 번역되는 과정에서 '도고(禱告)'라는 단어로 번역되었다. 한국 초대 교회 당시, 성경을 번역하면서 중국어 성경과 영어 성경을 기반으로 한국어 성경이 번역되었다. 성경을 번역하면서 한국어에 적당한 단어가 없을 때, 중국어 한자를 인용해서 적당한 단어를 만들어 사용했음을 살펴볼 수 있다.

'도고'라는 단어는 영어 성경의 'intercession'을 한국어로 번역한 것이다. 중국어 성경에서는 'intercession'을 '代求'로 번역하여 사용한다. 중국어의 번역으로 'intercession'을 어느 정도 의미를 전달했다고 본다. 그러나 한국어 번역은 'intercession'의 의미를 충분히 전달하지 못한다. 그래서 한국 교회는 '도고'라는 단어의 의미를 모르는 상태로 성경을 읽고 기도해왔다.

한국 교회에서 중보기도라는 단어에 논란이 있지만, 사실 번역상의 문제일 뿐, 전혀 문제가 없다. 중보기도라는 단어의 사용이 걸린다면 도고라는 단어를 사용하면 된다.

중보기도 사역을 제한하는 것은 교회가 해야 할 사명을 막는 일이 될 수 있다. 교회는 중보기도의 부르심을 가지고 사명을 감당해야 한다.

예수 그리스도의 중보기도

예수님은 하나님 보좌 우편에서 우리를 위해 도고 하신다. 부활하시고 승천하시고 보좌 우편에서 'intercession' 곧, 중보기도를 하고 계신다. 예수님이 지금도 우리를 위해 하시는 사역이다.

그런데 우리가 한국어 성경만 보고 신앙생활을 했다면, 예수님이 하나님 보좌 우편에서 우리를 위해 간구하신다고 알고 있을 것이다. 그러나 중보기도와 간구는 엄격한 의미로 다르다. 중보기도는 간구의 의미가 있지만, 간구로만 이해할 때 중보기도의 의미는 왜곡되어 전달될 수 있기 때문이다.

예수님은 하나님 보좌 우편에서 우리를 위해 무언가 요구하는 간구의 기도를 하고 계신 것이 아니라 유일하신 중보자로서 사역하는 intercession, 도고, 중보기도를 하고 계신 것이다. 그렇기에 한국어 성경은 사람들을 위해 중보기도의 의미를 새롭게 정의할 필요가 있다.

누가 정죄하리요 죽으실 뿐 아니라 다시 살아나신 이는 그리스도 예수시니 그는 하나님 우편에 계신 자요 우리를 위하여 간구하시는 자시니라 (롬 8:34)

Who is he that condemneth? It is Christ that died, yea rather, that is risen again, who is even at the right hand of God, who also maketh intercession for us.

성령의 중보기도

성령께서 우리 안에 내주하셔서 우리를 위해 말할 수 없는 탄식으로 도고하고 계신다. 성경엔 '간구'라고 번역되어 있는데, 'intercession'을 '간구'라고 번역한 것이다. 디모데전서 2장 1절에서는 'intercession'을 '도고'라고 번역했고, 로마서에서는 '간구'라고 번역했다.

한국어 성경만 읽는 사람은 간구와 도고를 같은 단어의 의미로 해석할 것이다. 'intercession'에 대한 이해가 없던 시대에 번역한 것이기에 충분히 이해된다. 그러나 이제는 언어의 번역이 발전한 시대에 좀 더 정확한 의미를 찾아보고 이해할 필요가 있다.

성령은 우리를 위해 간구하시는 것이 아니라 도고하고 계신다. 성령께서 우리 안에 계셔서 무언가 하나님께 요구하는 간구의 기도를 하고 계신 것이 아니라 'intercession', 도고, 중보기도를 하신다.

참고로 헬라어 원어를 보면 좀 더 자세하게 알 수 있지만, 이 책에서는 생략하는 것이 좋을 것 같다.

> 이와 같이 성령도 우리의 연약함을 도우시나니 우리는 마땅히 기도할 바를 알지 못하나 오직 성령이 말할 수 없는 탄식으로 우리를 위하여 친히 간구하시느니라 마음을 살피시는 이가 성령의 생각을 아시나니 이는 성령이 하나님의 뜻대로 성도를 위하여 간구하심이니라 (롬 8:26-27)

> Likewise the Spirit also helpeth our infirmities: for we know not what we should pray for as we ought: but the Spirit itself maketh intercession for us with groanings which cannot be uttered. And he that searcheth the hearts knoweth what is the mind of the Spirit, because he maketh intercession for the saints according to the will of God.

예수님의 사역도 중보기도이고 성령님의 사역도 중보기도이다. 그리고 교회에도 도고, 즉 중보기도를 하라고 말씀하신다. 교회는 그리스도의 몸이다. 교회의 머리는 그리스도 예수이시다. 예수님이 유일하신 중보자이시다. 그러므로 교회가 그리스도의 몸으로서 중보기도의 사역을 담당하는 것은 사명이며, 그 역할을 하는 것이 타당하다. 또한, 성령이 교회 곧 그리스도의 몸에 거하신다. 믿는 사람들 가운데 계셔서 중보기도 사역을 할 수 있도록 도우신다. 교회인 우리가 예수님, 성령님과 함께 중보기도의 부르심을 감당하도록 하셨다.

중보기도의 개념 정의

intercession은 inter와 cession의 합성어다. inter는 '사이 틈, 간격'이란 의미가 있고, cession은 라틴어의 cedere로서 '들어 간다'는 뜻을 가진다. 그러므로 intercession이란, "틈 사이에 들어가는 것", "틈 사이의 기도"라고 해석할 수 있다.

교회는 하늘과 땅 사이에 들어가 있다. 이 말의 의미를 살펴 보면 첫 번째, 위치 사이에 있다는 의미이다. 교회는 하나님과 땅 사이에 있다. 영적인 세계와 땅의 세계, 보이는 세계와 보이 지 않는 세계 사이에 위치한다. 교회가 어느 곳에 세워졌다는 것 은 하나님이 하나님과 도시 사이에서 교회를 두신 것이다.

두 번째, 관계 사이에 있다는 의미이다. 하나님과 사람의 깨 어진 관계 사이에 있다. 믿는 자들은 화평케 하는 자이다. 분열 이 있고 다툼이 있는 곳에 화해와 용서와 용납이 있어, 서로 존 중하면서 사랑하는 공동체가 되도록 돕는 역할이 바로 하나님 의 아들과 딸이다. 하나님의 자녀는 화평케 하는 자로 일컬음을 받아야 한다.

> 화평하게 하는 자는 복이 있나니 그들이 하나님의 아들이라 일컬음을 받을 것임이요 (마 5:9)

세상은 분열하고 미워하고 차별하고 증오하지만, 교회는 서로 사랑하고 용납하고 용서하고 긍휼히 여기고 돕는다. 사실 미워하기는 쉽다. 증오하고 차별하고 내치기가 훨씬 쉽다. 그러나 세상 사람들이 그렇게 해도, 믿는 사람들은 그렇게 할 수 없다. 왜냐하면, 하나님이 우리로 하여금 하나님의 성품과 모습대로 살게 하셨기 때문이다.

믿는 자들은 이기려고 하지 않고 오히려 져야 하고, 남의 것을 빼앗지 않고 오히려 자신의 것을 내어주어야 한다. 뺨을 맞으면 다른 뺨도 내어주어야 한다. 예수님이 가르치신 산상수훈은 우리 귀에 듣기 좋은 말로 있는 것이 아니라 실제로 행해야 하는 예수님의 명령이다.

세 번째, 상황과 환경 가운데 들어간다는 의미이다. 예수님은 로마가 지배하는 상황과 이스라엘의 여러 가지 환경 가운데 태어나셨다. 그리고 십자가에 죽으실 때는 유대인의 왕으로 죽으셨다. 빌라도가 재판하고, 바리새인들이 예수님을 넘겨주고, 제자들이 예수님을 배반하는 모든 상황에서 죽으신 것이다. 사람의 죄와 관련된 모든 상황과 환경 가운데 십자가에서 죽으셨다.

그렇기에 오늘날 우리가 중보기도를 한다는 것은 현재 처한 상황과 환경에서 하는 것이다. 그러한 환경과 상황 가운데 있다는 것은 예수님이 겪으신 것과 동일하다. 예수님이 십자가에서 죽으심으로 모든 환경과 상황이 죽음에서 생명으로 바뀐 것처럼, 우리가 기도할 때 우리의 환경과 상황도 어둠에서 빛으로 바뀌게 될 것이다.

네 번째, 동일시한다는 의미이다. 예수님은 하나님의 본체이시다. 예수님을 보면 하나님을 알게 된다. 아들을 통해 아버지를 알려주기 위해 오셨기 때문이다. 예수님은 태초부터 계셨고, 예수님을 본 사람은 하나님을 본 것이다. 그러나 예수님이 사람 가운데 거하셨음에도 사람들은 예수님이 하나님이신 것을 알지 못했다.

하나님은 교회를 통해 자신을 알게 하신다. 교회를 통해 자신이 어떤 분인지 소개하신다. 그리스도인들이 행하는 모든 삶을 통해, 하나님을 증거 하게 하신다. 그렇기에 그리스도인은 하나님을 알리는 통로이다. 그래서 세상 사람들은 그리스도인을 하나님이 투과된 존재로 여길 것이다. 그리스도인이 하나님은 아니지만, 세상 사람들은 그리스도인과 하나님을 동일시하여 본다.

또한, 예수님은 사람이시다. 하나님으로만 있지 않으시고 사람의 몸을 입어 이 땅에 오셨다. 예수님이 사람과 동일시하신 것이다. 사람으로 오셔서 인간이 겪을 고통보다 더한 고통을 겪으시며, 친히 체휼하셨다. 간접적인 경험이 아니라 직접적인 경험을 통해 사람을 아시는 분이다.

우리가 하나님 앞에 나아가는 담대함을 얻은 것은 예수님이 하나님 앞에 나아갈 수 있는 새롭고 산길이 되셨기 때문이다. 우리는 이 땅에서 살아갈 때 남자의 한사람으로, 여자의 한사람으로 하나님께 나아간다. 한국의 한사람으로서 하나님께 나아갈 것이다. 어느 땅에 사는 한 사람으로서 하나님께 나아가는 것이다. 하나님은 모든 열방이 주님께 나아오며, 모든 땅과 모든 입이 주를 시인하는 것을 보기 원하신다.

중보기도는 단순히 다른 사람을 위해 기도하는 것이 아니다. 예언하거나 다른 사람의 생사화복을 말하는 것이 아니다. 사람을 축복하고 사업이 잘되도록 기도하는 것이 아니다. 갈라진 틈 사이에 무너진 것을 막아서서 하나님 앞에서 온전케 되도록 기도하는 것이다.

중재자와 중보자

하나님은 한 분이시요 또 하나님과 사람 사이에 중보자도 한 분이시니 곧 사람이신 그리스도 예수라 (딤전 2:5)

For there is one God, and one mediator between God and men, the man Christ Jesus;

하나님과 사람 사이에 중보자는 한 분이다. 곧 그리스도 예수 외에는 중보자가 없다. 예수님이 유일한 중보자이시다. 영어 성경 KJV에서 '중보자'는 'mediator'라는 단어로 사용된다. 이것의 원어인 헬라어의 의미를 살펴보면 중재자, 중매자, 중개자 등으로 사용한다.

중보자의 의미는 첫째, 중재자이다. 깨어진 관계를 화평케 하는 사람이라는 의미이다. 하나님과 사람 사이에서 깨어진 관계를 화해하는 중재자의 의미이다. 앞서 언급한 것처럼 예수님은

"화평하게 하는 자는 복이 있나니 그들이 하나님의 아들이라 일컬음을 받을 것임이요"라고 말씀하셨다. 이 말씀은 예수님 자신을 증거 하는 말씀이기도 하다. 이 땅에 오신 목적을 말씀하신 것이다. 그래서 교회도 하나님과 세상 사람들 사이에서 화평케 하는 사람으로 부르셨다. 그것이 곧 선교다. 하나님을 알지 못하는 사람들이 하나님과 화평케 되도록 하는 사명을 부여받은 것이다.

> 사람이 없음을 보시며 중재자가 없음을 이상히 여기셨으므로 자기 팔로 스스로 구원을 베푸시며 자기의 공의를 스스로 의지하사
> (사 59:16)

사실, 중재자와 중보자는 같은 의미가 있다. 그런데 한국어 성경에서는 구별해서 사용한다. 이사야에서 언급한 중재자는 예언적으로 장차 오실 중보자 예수님을 말한 것이기도 하다. 덧붙여 말하면, 당시 이스라엘에서 이미 중재자적인 역할을 하는 지도자들에 대한 의미도 담겨 있다.

둘째, 중매자이다. 예수님은 신랑이시고 교회는 신부이다. 그런데 예수님이 신랑과 신부의 언약 관계 가운데 소개하고 연결해주는 역할을 하신다. 교회가 신부로서 단장되도록 준비하게 하시고, 등과 기름을 가지고 신랑을 맞이하는 지혜로운 신부가

되도록 하신다.

셋째, 중개자이다. 사고파는 사람 사이에서 좋은 거래가 이루어지도록 중개하는 역할이다. 예수님이 십자가에서 죽으신 것은 모든 죄에 대한 값을 치르신 것이다. 죄의 값은 사망인데, 예수님이 우리 죄를 대신하여 죽으심으로 율법의 값을 지불하셨다.

예수님이 유일한 중보자이신 이유는 다른 어떤 종교의 위대한 인물도 중보자로서의 십자가 사건이 없기 때문이다. 예수님만이 하나님과 사람 사이에서 죽으시고 부활하신 유일한 중보자이시다.

십자가는 중보자의 자리이다. 교회는 예수 그리스도의 십자가로 말미암아 중보자의 권위 아래에서 부여받은 사명을 감당할 수 있다. 이 땅에 교회가 세워지는 것은 하나님과 그 땅 사이에 중보자이신 예수님의 사역을 이어가는 것이다.

소돔 성과 아브라함

여호와께서 또 이르시되 소돔과 고모라에 대한 부르짖음이 크고 그 죄악이 심히 무거우니 내가 이제 내려가서 그 모든 행한 것이 과연 내게 들린 부르짖음과 같은지 그렇지 않은지 내가 보고 알려 하노라 그 사람들이 거기서 떠나 소돔으로 향하여 가고 아브라함은 여호와 앞에 그대로 섰더니 아브라함이 가까이 나아가 이르되 주께서 의인을 악인과 함께 멸하려 하시나이까 그 성 중에 의인 오십 명이 있을지라도 주께서 그 곳을 멸하시고 그 오십 의인을 위하여 용서하지 아니하시리이까 주께서 이같이 하사 의인을 악인과 함께 죽이심은 부당하오며 의인과 악인을 같이 하심도 부당하니이다 세상을 심판하시는 이가 정의를 행하실 것이 아니니이까 여호와께서 이르시되 내가 만일 소돔 성읍 가운데에서 의인 오십 명을 찾으면 그들을 위하여 온 지역을 용서하리라 아브라함이 대답하여 이르되 나는 티끌이나 재와 같사오나 감히 주께 아뢰나이다 오십 의인 중에 오 명이 부족하다면 그 오 명이 부족함으로

> 말미암아 온 성읍을 멸하시리이까 이르시되 내가 거기서 사십오
> 명을 찾으면 멸하지 아니하리라 아브라함이 또 아뢰어 이르되 거
> 기서 사십 명을 찾으시면 어찌 하려 하시나이까 이르시되 사십 명
> 으로 말미암아 멸하지 아니하리라 아브라함이 이르되 내 주여 노
> 하지 마시옵고 말씀하게 하옵소서 거기서 삼십 명을 찾으시면 어
> 찌 하려 하시나이까 이르시되 내가 거기서 삼십 명을 찾으면 그리
> 하지 아니하리라 아브라함이 또 이르되 내가 감히 내 주께 아뢰나
> 이다 거기서 이십 명을 찾으시면 어찌 하려 하시나이까 이르시되
> 내가 이십 명으로 말미암아 그리하지 아니하리라 아브라함이 또
> 이르되 주는 노하지 마옵소서 내가 이번만 더 아뢰리이다 거기서
> 십 명을 찾으시면 어찌 하려 하시나이까 이르시되 내가 십 명으로
> 말미암아 멸하지 아니하리라 여호와께서 아브라함과 말씀을 마
> 치시고 가시니 아브라함도 자기 곳으로 돌아갔더라 (창 18:20-33)

하나님은 타락한 도시의 대명사인 소돔을 멸하기로 하신다. 그래서 그곳에 천사를 보내셨고, 아브라함은 이 천사를 대접하면서 소돔이 멸망될 것을 알게 된다.

> 소돔과 고모라와 그 이웃 도시들도 그들과 같은 행동으로 음란하
> 며 다른 육체를 따라 가다가 영원한 불의 형벌을 받음으로 거울이
> 되었느니라 (유 1:7)

유다서에서 언급하는 것처럼 간음하고, 다른 색 곧 동성애 죄로 말미암아 심판하기로 하신 것이다. 동성애에 대한 부분은 이 책의 후반에 언급하겠다. 하나님이 소돔을 멸하기로 하신 것은 단순히 동성애 죄 때문만이 아니다.

> 네 아우 소돔의 죄악은 이러하니 그와 그의 딸들에게 교만함과 음식물의 풍족함과 태평함이 있음이며 또 그가 가난하고 궁핍한 자를 도와 주지 아니하며 거만하여 가증한 일을 내 앞에서 행하였음이라 그러므로 내가 보고 곧 그들을 없이 하였느니라 (겔 16:49-50)

소돔의 죄악은 교만함으로 가난한 사람들을 돕지 않은 것이다. 물질의 풍성함은 우리에게 만족을 주는 유익이 있지만, 점차 마음이 닫히게 하고 마음이 높아지면서 가난한 사람들을 무시하고 학대하게 한다. 또한, 가난한 사람들을 돌보라고 주신 재물을 자신을 위해서만 사용하게 한다. 하나님은 소돔 죄악의 근본적인 뿌리가 교만이라고 말씀하신다.

물질의 풍요로움은 교만하여 자기 마음을 높이게 하고, 하나님이 더는 보이지 않게 만든다. 그렇다고 해서 가난해야만 하나님을 잘 섬긴다고 생각하지는 않는다. 풍요로움이 하나님의 얼굴을 구하지 않는 결과를 가져올 수 있다는 말이다.

한국의 예를 들어보아도, 전쟁 이후 폐허가 된 대한민국은 절대빈곤 국가였다. 한 끼를 걱정하면서 하나님 앞에 기도하지 않으면 살 수 없는 상태였다. 그래서 새벽에 주님께 나아와 부르짖고 기도하며, 자기 삶과 가정과 일을 위해 기도했다. 정말 간절함이 있는 기도였다.

그러나 풍요로움이 있는 요즘 한국 교회는 점차 기도를 잃어버리고 있다. 기도하지 않아도 살 수 있고, 기도하지 않아도 얼마든지 잘 살 수 있다고 여기면서, 교회는 형식적인 종교 생활로 전락했다.

사실 동성애는 결과이다. 마음에 교만함이 있으면 또 다른 만족과 즐거움을 찾으면서 정욕적인 행위를 찾게 되기 때문이다. 오늘날 동성애가 만연한 지역의 공통점은 부유한 곳이다. 더 큰 쾌락을 찾는 사람들이 행하는 죄악이기도 하다. 또한, 그런 방탕함의 끝은 깊은 정죄감이고, 자신을 정죄감의 감옥에 가두고 죄를 합리화한다. 그리고는 죄의식조차 느끼지 않으면서 죄악을 부정한다.

성경은 아브라함 시대에 소돔이 구체적으로 어떤 상태였는지는 언급하지 않지만, 하나님이 심판하실 만큼 심각한 상태인 것은 사실이다. 그런데 아브라함은 그런 도시를 위해 하나님께 기도한다. 성경을 보면 기도한다기보다 소돔을 놓고 하나님과 거래하는 것 같은 모습이다.

창세기 18장 25절에서 아브라함은 하나님의 성품을 근거로 하나님께 제안한다. 하나님은 악인을 심판하실 때 의인을 함께 죽이는 분이 아니고 악인과 의인을 동일하게 대하지 않으신다고 하면서, 의인에 따라 결정하는 분이라고 한다. 그리고는 '의인 50명이 소돔 도시에 있다면 용서하지 않으실 것인지' 제안한다. 그러나 50명에서 40명, 30, 20, 10명으로 줄어든다. 그도 의인이 그렇게 많지는 않으리라 생각했나 보다. 그런데 하나님의 대답은 50명이나 10명이나 동일하시다. 의인으로 인해 온 지경을 용서하겠다고 하신다.

이때, 아브라함이 용기를 내어 '의인 한 명이 있다면 어떻게 하실 것인지' 물었다면, 하나님의 답은 무엇이었을까? 예레미야 5장 1절에 하나님은 명확하게 대답하신다. 의인 한 명으로 인해 용서하겠다고 하신다. 이 시대에 하나님이 찾으시는 한 명이 바로 우리이길 바란다. 의인의 공동체인 교회가 하나님께 의인 한 명으로 발견되길 바란다.

> 너희는 예루살렘 거리로 빨리 다니며 그 넓은 거리에서 찾아보고 알라 너희가 만일 정의를 행하며 진리를 구하는 자를 한 사람이라도 찾으면 내가 이 성읍을 용서하리라 (렘 5:1)

이처럼 하나님은 도시 가운데 중재자 역할을 하는 의인 한 명을 찾으신다. 그리고 용서하기를 기뻐하신다. 도시를 회복하기를 원하신다. 그런데 그 도시의 회복을 위해 하나님 앞에 구하는 한 명의 중재자를 찾고 계신다.

갈라진 틈

이 땅을 위하여 성을 쌓으며 성 무너진 데를 막아 서서 나로 하여금 멸하지 못하게 할 사람을 내가 그 가운데에서 찾다가 찾지 못하였으므로 내가 내 분노를 그들 위에 쏟으며 내 진노의 불로 멸하여 그들 행위대로 그들 머리에 보응하였느니라 주 여호와의 말씀이니라 (겔 22:30-31)

And I sought for a man among them, that should make up the hedge, and stand in the gap before me for the land, that I should not destroy it: but I found none. Therefore have I poured out mine indignation upon them; I have consumed them with the fire of my wrath: their own way have I recompensed upon their heads, saith the Lord GOD.

> 그러므로 여호와께서 그들을 멸하리라 하셨으나 그가 택하신 모세가 그 어려움 가운데에서 그의 앞에 서서 그의 노를 돌이켜 멸하시지 아니하게 하였도다 (시 106:23)

한국어 성경은 에스겔 22장 30절을 "그 가운데"라고 번역하지만, 영어 성경 KJV는 "in the gap"으로 번역한다. 개역개정 성경에서는 의미를 정확하게 번역하지 않고, 개정한글 성경에서는 "결렬된 중에서"라고 번역하는데, 개역한글 성경 번역이 본래의 의미를 잘 번역했다.

하나님이 찾으시는 사람이라고 할 때 그 사람은 첫째, 성을 쌓는 사람이고 둘째, 막아서는 사람이다. 성을 쌓는 사람은 하나님의 진리 경계, 곧 성벽을 쌓는 사람을 말한다. 성을 쌓는 목적은 원수가 함부로 들어오지 못하게 하기 위함이다. 삶에 경계를 만드는 것은 하나님의 진리 기준이 우리 삶의 기준이 되게 하는 것이다.

세상은 진리와 비진리가 혼합된 상태이다. 우리는 예수님을 믿고 하나님을 알아가면서 삶 속에 진리의 기준들을 새롭게 정립한다. 주님을 믿기 전에 죄로 여기지 않던 것을, 하나님을 믿고 나면 죄로 여긴다. 예전에는 정직한 것이 그리 중요하지 않았는데, 교회에 다니고 하나님의 말씀 가운데 거하면서 정직이 삶의 기준이 된다. 이는 성령님께서 우리 안에 정직할 힘을 주시기 때문이다. 정직하지 않으면 괴롭고 견딜 수 없는 마음의 짐을 지는 것이다. 점차 정직한 삶을 사는 것이 삶의 원리가 된다. 얼마나 교회를 오래 다녔느냐가 아니라, 얼마나 주님의 말씀을 삶의 원리가 되게 하느냐가 영적인 성숙함이다.

어느 나라와 도시에 교회가 세워지면, 그 사회에 영향을 준다. 사랑이 없던 곳에 사랑이 흘러가고, 공의가 없던 공의가 세워지고, 거짓이 있던 곳에 정직함이 가치관으로 자리 잡는다. 이것이 하나님의 나라가 임한 것이다. 무너진 사회에 진리의 경계가 세워지고, 원수의 죄악이 함부로 역사할 수 없도록 하나님의 나라로 변화한다. 이것은 교회의 목적이기도 하다. 교회가 그 사회의 종교 중 하나가 되어 종교 선택의 폭이 넓어지는 것이 아니다. 교회가 세워짐으로 어둠이 물러가고 빛이 임하여, 빛의 영향력이 사회 가운데 펼쳐지는 것이다.

교회는 무너진 영역을 막아서는 사명이 있다. 그 나라와 도시에 죄악으로 말미암아 어둠이 장악하는 영역이 있고 그로 인해 사람들이 고통 가운데 있을 때, 교회가 무너진 것을 막아서서 죄악이 주도하지 못하도록 하는 것이다. 교회는 단순히 출석하는 것이 아니라 교회 밖으로 진리의 확산과 영향력이 나타나게 해야 한다.

나의 가정을 점검해보자. 혹시 무너진 것이 있는가? 그렇다면 내가 하나님과 가정 사이에 서야 한다. 그리고 무너진 것을 막아서서 진리의 성벽이 세워지도록 기도하고 그런 삶을 살아야 한다. 가정에 우상숭배가 있다면 하나님과 우상숭배 하는 가족 구성원 사이에 서야 한다. 그러나 가족을 정죄하거나 비난하지는 않아야 한다. 우상숭배 하는 사람의 마음 깊은 곳에는 하나님을 찾는 마음이 있다. 다만, 하나님을 알지 못해 우상을 숭배하는 것이다. 참된 하나님을 알면, 우상을 버리고 하나님을 섬기는 사람이 될 것이다.

또한, 가정이 재정적으로 무너져 있다면 무너진 재정과 하나님 사이에 서야 한다. 그리고 그 안에 궁핍과 탐욕을 깨뜨리며 의로운 재정이 가정 안에서 풀어지도록 기도해야 한다. 돈을 따라가는 것이 아니라 하나님을 따라가고, 돈이 주인이 아니라 하나님이 주인 되게 하는 것이다. 가정이 부자가 되도록 기도하는 것이 아니라 무너진 재정 상태를 통해, 사단이 장악하려는 궤계를 깨뜨리는 것이다.

가정에 음란함이 있어서 지속해서 방탕함이 있거나 술 취하므로 무너진 부분이 있다면 가정에 거룩한 성령의 조명하심을 위하여 기도해야 한다. 어둠은 어둠으로 이길 수 없다. 어둠을 이기는 것은 빛이다. 혹시 깊은 우울함과 낙심과 열등감으로 자존감이 무너져 있다면, 하나님으로부터 오는 정체성으로 회복되도록 기도해야 한다. 하나님이 우리를 얼마나 존귀하게 지으셨는지 알게 하실 것이다.

성경은 "주 예수를 믿으라 그리하면 너와 네 집이 구원을 받으리라"라고 말한다. 한 사람으로 인해 가정이 구원을 얻고, 구원을 받음으로 가족 전체가 하나님을 알게 되고, 이러한 확산을 통해 사회 공동체에 변화가 일어나면서 사회에 하나님의 나라가 임하고 부흥을 경험하게 될 것이다.

돈과 기도

기도는 도깨비방망이가 아니다. 그런데 사람들은 기도라는 도깨비방망이를 두드리면 무엇이든 원하는 것을 얻을 수 있는 것처럼 착각한다. 원하는 것을 얻지 못하면, 그 방망이를 더 두드려야 할 것 같은 생각이 든다. 그러나 기도는 만능이 아니다.

기도와 돈은 많은 연관성을 가진다. 기도는 돈을 만들고 돈은 기도를 만든다. 기도하면 사업이 성공하고 기도하면 물건이 잘 팔리고, 건강하고, 병이 낫고, 무엇이든 얻을 수 있다고 배웠기 때문이다. 기도는 현재 한국 교회 기복신앙에 영향을 주었다고 본다.

사람들은 사업을 할 때, 소위 말하는 '물권'을 얻기 위해 기도한다. 기도하면서 영적인 권세를 얻고, 사업을 하게 되면 돈을 움직일 수 있는 권세를 얻게 된다고 믿었다. 그래서 많은 사람이 사업하면서 이 물권을 얻기 위해 기도한다. 사업의 성공 여부는 물권이 영권과 삶에 주어지는 것에 있고, 이를 위해 많은 시간과 수고로 기도한다.

실제로 사업하는 분들이 기도하면서 성공하는 때도 많이 있다. 하나님이 주신 아이디어로 사업을 하면서 하나님께 영광을 돌리는 사례도 있다. 그렇다면 과연 기도가 사업에 어떤 영향을 주었던 것일까?

하나님이 기도를 통해 겸손케 하셨다. 자기 생각으로는 사업이 성공할 수 없다는 걸 인정하게 되고 하나님께 의뢰하고 의지하면서, 하나님이 원하시는 방법으로 사업하려는 시도와 노력이 있었다고 본다.

사업하는 분들 사이에 "정직하게 사업하면 망한다"라는 말이 있다고 한다. 그런데 이런 생각을 뒤집는 것이 바로 그리스도인들의 사업이다. 하나님이 원하시는 대로 정직하게 사업하면, 오히려 성공한다는 것을 증명해야 한다.

내가 아는 어떤 집사님이 있다. 조그만 중소기업을 하는 분이다. 어느 날, 그분이 나의 강의를 듣고는 근심 어린 표정으로 다가왔다.

"목사님, 제가 정말 정직하게 사업해도 유지가 될까요?"

"정직한 사람이 하는 사업에 하나님이 어떻게 하시는지 한번 해보세요."

나는 이렇게 말하면서 한편으로는 집사님에게 괜한 어려움을 주는 것은 아닌지 걱정도 되었다. 하지만 하나님이 분명 집사님의 삶에 계신 것을 증명하고 싶었다.

그 후, 집사님은 모든 거래처에 앞으로 모든 거래는 세금계산서에 따라 하겠다는 공문 팩스를 보냈다. 그러자 거래처들은 난리가 났다. "당신만 예수님 믿느냐?", "이렇게 하면 나도 세금 신고를 해야 하는데 앞으로 어떻게 하려고 이러느냐?" 하면서 거센 항의를 했다.

그리고 얼마 후, 그 집사님은 말했다.

"목사님, 목사님이 하라는 대로 정직하게 했더니 지금 거래처가 한군데 남았어요."

순간, 너무 미안한 마음이 들어 위로하려고 했더니 집사님은 이렇게 말했다.

"목사님, 저를 위로하려고 하지 마세요. 저는 하나님께 순종한 겁니다. 정직하게 사업했는데 망하는 것이라면, 사업을 접어도 기뻐요."

그날 집사님을 위해 기도하면서 하나님이 담대함과 하나님을 증명하는 삶을 살도록 집사님을 인도하신다는 것을 확신했다. 그리고 몇 달이 지난 후, 다시 집사님을 만났다.

"목사님, 그때 끊어졌던 거래처가 모두 돌아왔어요. 이제는 그분들과 완전한 신뢰 관계가 되었어요. 저로 인해 그분들도 정직하게 사업해야겠다고 하십니다."

그 집사님의 사업은 이전보다 훨씬 번창하게 되었다. 이렇듯 하나님은 하나님의 성품을 믿고 하나님의 삶의 원리로 행하는 사람을 축복하신다. 집사님은 사업을 하는 것이 아니라 하나님을 증명하는 거룩한 사역을 하는 것이다.

   기도는 자신이 믿는 것을 행하는 것이다. 물론, 사업이 잘되도록 기도하는 것도 필요하다. 그러나 더 중요한 것은 기도하면서 깨달은 하나님의 성품과 원리를 삶의 원리로 삼는 것이다. 믿는 것은 행함으로 이어져야 한다. 하나님이 알게 하신 것은 우리가 행하도록 말씀하시는 하나님의 목소리다. 기도는 그런 하나님의 목소리를 듣는 것이고, 삶의 능력으로 이어져야 한다.

기도는 우상숭배와의 싸움

우리는 기도하면서 우상을 발견한다. 하나님의 뜻이 내 삶에 이루어지지 못하게 하는 걸림돌을 발견한다. 때로는 자신도 모르게 자리 잡은 우상도 있다. 그중 오늘날 가장 크게 자리 잡고 있는 것은 돈이다. 성경은 "돈은 일만 악의 뿌리다"라고 말한다. 하나님은 "물질이 있는 곳에 네 마음이 있다"라고 하시면서 사람의 마음을 언급하신다. 사람이 물질, 곧 돈이라는 소유를 어디에 두느냐에 따라 그 마음이 움직인다는 것을 아신 것이다.

그래서 우리는 기도할 때, 자기 마음을 어디에 두는지 발견한다. 삶에서 무엇이 가장 중요한지, 그리고 무엇에 따라 움직이는지 알게 된다. 그렇기에 기도가 자신을 성찰하고 객관적으로 보는 기회로 되게 해야 한다.

나는 예전에 기타를 좋아하는 정도가 아니라 사랑하고, 아주 많이 아끼는 사람이었다. 스무 살 시절, 클래식 기타 동아리에서 살다시피 하면서 기타 연주에 심취하는 때가 있었다. 그리고 82

년 당시에 약 30만 원 정도의 기타를 샀다. 나는 지금도 후회하며 그때 왜 그 기타를 샀을까 생각한다. 당시 대학 등록금이 50만 원 정도였으니 30만 원짜리 기타를 산다는 것은 정말 과소비였다. 어쨌든 나는 그 기타로 연주회도 하고 클래식 명곡을 연주하기 위해 많은 시간을 사용했다.

그러던 어느 날, 예수전도단의 수련회에 참석한 때가 있었다. 그때, 그곳에서 설교한 강사님이 '이 시간에 하나님께 기도해보라'고 했다. 지금 하나님께 드려야 할 것이 있는지 물어보라는 것이다. 그리고 내게 가장 먼저 떠오른 것은 기타였다.

강사님은 떠오르는 물건을 계속 가지고 있어야 할지, 아니면 다른 사람에게 주어야 할지 하나님께 물으라고 했다. 그런데 내 마음에는 그 기타를 어떤 사람에게 주라는 하나님의 음성이 들리는 듯했다. 그 생각을 버리고 또 버려도, 계속 떠오르는 생각에 벗어날 수 없었다. 하물며 나는 그 기타를 가져오지도 않았다.

그래서 하는 수 없이 집에 가서 기타를 가져왔다. 그러나 하나님이 생각나게 하신 사람에게 주지는 않았다. 마음이 너무 괴로웠기 때문이다. 나는 하나님이 주신 생각에 따를 것인지, 기타를 계속 가지고 있을 것인지 결정해야 했다.

그리고 기도할 때, 하나님은 마음에 평안함을 주셨고 나는 아끼던 기타를 주님 앞에 내려놓기로 했다. 그런데 정말 놀라운 것은 그것을 내려놓기로 할 때, 말할 수 없는 평안함이 마음에 가득 채워졌다. 그리고 기타를 보니 다른 사람에게 주는 것이 어렵지 않았다. 이제 더는 내 것이 아닌 것처럼 여겨졌다.

그날, 나는 기타를 다른 사람에게 주었다. 그런데 그 후, 그 기타를 받은 사람이 눈물을 흘리며 강단 앞으로 나갔다. 그리고는 "'하나님 나에게 기타를 주시면 제가 선교사로 가는 것을 하나님의 인도하심으로 알겠습니다. 그런데 반드시 클래식 기타이어야 합니다.'라고 했는데, 지금 그 기타를 받았습니다."라고 말하는 것이다. 이렇게 나는 선교사 한 명을 보내는 일에 일조했다.

당시 나의 꿈은 찬양인도자였고, 하나님께 기타를 드리며 나의 비전도 드렸다. 그 후, 하나님은 나에게 찬양 인도를 맡기셨고 지금까지 그 사역을 이어오고 있다.

하나님은 나를 찬양하고 예배하는 사람으로 부르셨다. 그러나 그 부르심을 이루지 못하게 한 우상은 기타였다. 내 우상이 나의 비전을 가로막고 있었다. 그리고 기타를 하나님께 드리던 그 날, 하나님을 찬양하는 사람으로 섬기는 은혜가 이루어졌다. 물론, 하나님은 또 다른 사건으로도 내 우상을 깨뜨리도록 하시겠지만, 그날의 사건은 내 비전의 시작이었다.

모세의 기도

여호와께서 모세에게 이르시되 이 백성이 어느 때까지 나를 멸시하겠느냐 내가 그들 중에 많은 이적을 행하였으나 어느 때까지 나를 믿지 않겠느냐 내가 전염병으로 그들을 쳐서 멸하고 네게 그들보다 크고 강한 나라를 이루게 하리라 모세가 여호와께 여짜오되 애굽인 중에서 주의 능력으로 이 백성을 인도하여 내셨거늘 그리하시면 그들이 듣고 이 땅 거주민에게 전하리이다 주 여호와께서 이 백성 중에 계심을 그들도 들었으니 곧 주 여호와께서 대면하여 보이시며 주의 구름이 그들 위에 섰으며 주께서 낮에는 구름 기둥 가운데에서, 밤에는 불 기둥 가운데에서 그들 앞에 행하시는 것이니이다 이제 주께서 이 백성을 하나 같이 죽이시면 주의 명성을 들은 여러 나라가 말하여 이르기를 여호와가 이 백성에게 주기로 맹세한 땅에 인도할 능력이 없었으므로 광야에서 죽였다 하리이다 이제 구하옵나니 이미 말씀하신 대로 주의 큰 권능을 나타내옵소서 이르시기를 여호와는 노하기를 더디하시고 인자가 많아 죄악과 허물을 사하시나 형벌 받을 자는 결단코 사하지 아니하시고 아버지의 죄악을 자식에게 갚아 삼사대까지 이르게 하시리라 하셨나이다 구하옵나니 주의 인자의 광대하심을 따라 이 백성의 죄악을 사하시되 애굽에서부터 지금까지 이 백성을 사하신 것 같이 사하시옵소서 여호와께서 이르시되 내가 네 말대로 사하노라 그러나 진실로 내가 살아 있는 것과 여호와의 영광이 온 세계에 충만할 것을 두고 맹세하노니 내 영광과 애굽과 광야에서 행한 내 이적을 보고서도 이같이 열 번이나 나를 시험하고 내 목소리를 청종하지 아니한 그 사람들은 내가 그들의 조상들에게 맹세한 땅을 결단코 보지 못할 것이요 또 나를 멸시하는 사람은 한 사람도 그것을 보지 못하리라 그러나 내 종 갈렙은 그 마음이 그들과 달라서 나를 온전히 따랐은즉 그가 갔던 땅으로 내가 그를 인도하여 들이리니 그의 자손이 그 땅을 차지하리라 아말렉인과 가나안인이 골짜기에 거주하나니 너희는 내일 돌이켜 홍해 길을 따라 광야로 들어갈지니라 (민 14:11-25)

모세가 하나님 앞에서 이스라엘 백성을 막아서고 변호하는 것을 볼 수 있다. 예수님이 하나님과 사람 사이에서 변호하시는 것처럼, 모세가 이스라엘을 변호하면서 하나님과 대화하는 것을 살펴볼 수 있다. 이렇듯 중보기도는 변호하는 기도이다.

이스라엘 백성은 애굽에서 나와 가데스 바네아에 도착한다. 모세는 각 부족의 지도자 열두 명을 보내, 가나안 땅을 살펴보도록 한다. 그 가운데 여호수아와 갈렙도 포함되어 있었다. 모세는 열두 명의 지도자에게 분명한 임무를 명령한다. 그 땅은 어떠하고 그 땅 사람들은 어떠한지 알아보고, 그 땅의 열매를 가져오도록 한다. 거기에는 열두 명의 지도자는 가나안 땅에 들어가서 하나님이 주신 땅임을 확인한다. 그런데 아낙 자손도 보게 된다.

그들은 돌아와서 모세와 백성에게 실과를 보이며, 가나안이 얼마나 좋은 곳인지 말한다. 하지만 아낙 자손이 있는 것을 말하며 자신들을 메뚜기와 같다고 평가한다. 그러나 여호수아와 갈렙은 아낙 자손과 상관없이 그 땅을 능히 취하자고 하며, '그 땅은 우리의 밥'이라고 평가한다.

우리는 한 가지 사실을 보며 서로 다른 평가를 할 수 있다. 문제를 더 크게 보고 두려움 가운데 들어가는 것은 정상적이다. 그렇기에 지도자의 역할은 사람들이 하나님께로 향하도록 돕는 것이다. 상황과 환경이 있지만, 그것에 영향을 받거나 끌려가지 않도록 백성을 하나님께로 이끄는 것이 리더십이다.

이로 인해 백성은 하나님과 모세를 원망하고 애굽에서 나온 것을 후회한다. 하나님은 이스라엘 백성이 대적하고 반역하려고 할 때, 진멸하겠다고 하신다. 이때, 모세가 하나님 앞에 나아와 말하고 하나님은 모세의 기도를 들으시며 이스라엘 백성을 용서하신다.

우리는 말씀 속에서 하나님이 행하시는 몇 가지 방식과 원리를 알아야 한다. 먼저, 하나님은 식언치 않으시는 분이다. 한번 선언하신 말씀에 대해 거두어들이는 분이 아니라는 것이다. 이스라엘 백성 가운데 원망하는 사람들을 진멸하기로 하신 것에 대하여 바꾸지 않으셨다는 것이다. 다만, 그 시간을 늦추시고 원망한 사람들의 생명을 거두어 가시는 방법을 바꾸셨다.

25절에 보면, 하나님은 이스라엘 백성에게 광야로 들어가도록 명령하신다. 광야로 들어가서 40년 동안 유리하고 방황하도록 인도하신다. 하나님이 능력이 없어서 40년 동안 광야에서 헤매게 하신 것이 아니다. 그 시간을 통해 애굽에서 나온 세대가 다 죽기까지 기다리신 것이다. 직접적으로 죽이지 않으시고 사람들이 생명의 수한대로 살고 죽을 때까지 기다리신다. 애굽에서 나온 사람 가운데 가나안 땅에 들어갈 수 있는 사람은 여호수아와 갈렙 밖에는 없다고 하신 말씀을 지키신 것이다.

하나님은 지혜로우시다. 말씀하신 것을 지키시면서도 모순에 빠지지 않으신다. 여호수아와 갈렙 외에는 가나안 땅에 들어갈 수 없다고 하신 말씀을 이루실 뿐만 아니라, 모세의 기도로 말미암아 용서하셔서 진멸하시기로 한 계획을 바꾸시고 애굽에서 나온 세대가 다 죽기까지 기다리신다. 심지어 모세도 가나안 땅에 들어갈 수 없었다.

모세가 중재자로서 하나님과 사람 사이에 서지 않았다면, 성경의 이야기는 좀 달라질 수도 있겠다고 생각된다. 모세의 기도로 말미암아 이스라엘 백성은 광야로 들어갔다. 광야는 하나님이 주신 두 번째 기회이다. 우리가 중보기도를 해야 하는 이유가 바로 여기에 있다. 사람들이 하나님이 주신 두 번째 기회를 얻게 하기 위해서다. 물론 모세처럼 자신은 가나안에 들어가지 못할 수도 있다. 기도한 사람이라고 다 얻어야 하는 것은 아닐지도 모른다. 기도했어도 본인은 그 열매를 맛보지 못하고 다른 사람이 맛볼 수 있다는 것이다.

이 시대에 교회가 하나님과 나라를 위해 기도해야 하는 이유는, 하나님의 긍휼과 은혜를 구하며 하나님의 두 번째 기회를 얻도록 하기 위함이다. 어쩌면 우리 세대에는 경험할 수 없는 것을 다음 세대가 얻도록 기도하는 것이다.

하나님의 본래 계획은 애굽에서 나온 세대가 가나안 땅에 들어가는 것이다. 그러나 원망과 불순종은 하나님의 계획이 수정되게 할 수 있다. 하나님은 순종하는 사람을 통해 일하시기 때문이다. 하나님의 말씀에 귀를 기울이는 교회를 찾으신다. 무너진 데를 막아서는 사람을 찾으신다. 우리가 모세처럼 주변에 무너진 것을 막아서서 진리로 회복하도록 순종할 때, 놀라운 하나님의 일을 경험하게 되리라 믿는다.

> 모세가 그의 하나님 여호와께 구하여 이르되 여호와여 어찌하여 그 큰 권능과 강한 손으로 애굽 땅에서 인도하여 내신 주의 백성에

게 진노하시나이까 어찌하여 애굽 사람들이 이르기를 여호와가 자기의 백성을 산에서 죽이고 지면에서 진멸하려는 악한 의도로 인도해 내었다고 말하게 하시려 하나이까 주의 맹렬한 노를 그치시고 뜻을 돌이키사 주의 백성에게 이 화를 내리지 마옵소서 주의 종 아브라함과 이삭과 이스라엘을 기억하소서 주께서 그들을 위하여 주를 가리켜 맹세하여 이르시기를 내가 너희의 자손을 하늘의 별처럼 많게 하고 내가 허락한 이 온 땅을 너희의 자손에게 주어 영원한 기업이 되게 하리라 하셨나이다 여호와께서 뜻을 돌이키사 말씀하신 화를 그 백성에게 내리지 아니하시니라 (출 32:11-14)

출애굽기 32장에는 애굽에서 나온 이스라엘 백성이 금송아지를 숭배한 사건이 나온다. 그리고 백성이 송아지 형상을 숭배하는 것에 하나님이 진노하실 때, 모세가 하나님 앞에서 기도하는 장면을 살펴볼 수 있다. 모세의 기도로 말미암아 하나님이 뜻을 돌이키사 말씀하신 화를 그 백성에게 내리지 아니하셨다고 한다.

이스라엘 백성이 진멸 당할 만큼 심각한 우상숭배에 빠졌음에도 하나님이 뜻을 돌이키신 것을 통해, 그 백성을 얼마나 사랑하시는지를 알 수 있다.

모세의 기도로 용서하셨지만, 하나님은 용서하기를 즐겨하시는 분이다. 그 하나님의 마음을 돌이킬 사람을 찾고 계신다.

진리의 경계를 세우는 원칙들

세상 가운데 목적이 옳으면 방법도 옳아야 한다

하나님의 진리 경계를 세우는 사람들이 가져야 하는 것은 목적과 방법이 옳아야 한다는 것이다. 목적은 하나님을 향한 목적이어야 한다. 그 모든 과정도 하나님의 방법이어야 한다. 반대로 방법이 아무리 옳아도 목적이 잘못되었다면, 그것은 아무 소용없는 헛된 일이다.

수단과 방법을 가리지 않고 목적만 이루면 된다고 생각하는 것은 삶을 황폐하게 한다. 아무리 하나님께 좋은 것을 드리기 위함이라 할지라도 불법으로 번 돈을 십일조로 드리는 것은 더러운 것을 드림으로 용서받으려는 의도가 있다. 그러나 하나님은 더러운 제물을 받지 않으신다. 그 십일조는 누구를 위한 헌금인가? 자기 만족을 위한 헌금일 뿐이다. 하나님께 드린 것이 아니라 자신에게 드린 것이다.

오히려 열심히 성실하게 땀 흘려 일한 대가로 받은 작은 헌금이 하나님께 열납되는 의로운 제물이다. 훔치고 속여서 많은 헌금을 드린다고 해도 그것은 의로운 것으로 바뀌지 않는다. 목적이 옳으면 수단도 옳아야 한다.

포도원을 허는 작은 여우를 잡으라

우리 삶을 망치는 것은 작은 범죄이다. 작은 범죄가 성장하여 큰 범죄가 된다. 둑에 생긴 작은 구멍이 둑 전체를 무너뜨리는 것이다. 일상에 일어나는 작은 범죄를 다루어야 큰 범죄를 제어할 수 있다.

내가 아는 어떤 형제가 있다. 하나님을 사랑하고 경건하고 기름 부음이 있는 찬양인도자다. 어느 날, 어떤 분이 그 형제에게 노트북을 선물했다. 형제는 컴퓨터를 받고 너무 좋아했다. 그런데 그 후 몇 달이 지나도 노트북에는 프로그램이 깔려 있지 않았다. 그저 음악 듣는 것으로만 사용했다.

사실, 얼마 전 다른 분이 노트북에 필요한 프로그램을 잔뜩 깔아주었다. 처음에는 너무 좋아서 노트북으로 여러 가지를 했었다. 그런데 형제는 "돈으로 사지 않은 프로그램을 사용하는 것이 마음에 걸리고, 노트북으로 인해 하나님을 경외하는 마음이 사라지고 있다는 것을 알았다."라고 말했다. 그래서 모든 프로그램을 지우고 음악만 들은 것이다. 그러자 사람들은 비난했다.

"너만 하나님을 경외하느냐."

"프로그램을 깔아준 사람의 섬김은 무시하는 거냐?"

"왜 너는 그렇게 교만하냐?"

사실 형제의 삶에는 작은 여우가 있었다. 하나님의 풍성함을 누리게 하는 포도원을 망가뜨리는 여우를 발견한 것이다. 그리고 작은 여우는 노트북이 아니라 사람들이 자기 노트북에 함부로 손대지 못하게 하는 마음임을 깨달았다. 그 마음에 죄를 허용케 하는 것이 바로 작은 여우다. 형제는 노트북을 처음 받은 상태로 되돌려 놓음으로 포도원을 허는 여우를 잡을 기회가 생긴 것이다. 그날 마음을 담대하게 하고 하나님을 경외하는 마음을 다시금 붙잡고 일어날 때, 형제는 새롭게 일어날 수 있었다.

우리 삶으로 들어와 괴롭히는 죄의 요소는 무엇인지 살펴보자. 삶의 둑을 허무는 작은 구멍이 무엇인지 알아야 한다. 작은 여우가 내 영역에 들어와서 포도원을 망치는 것이 있다면 반드시 잡아야 한다. 그리고 내쫓아야 한다. 우리의 삶에 하나님만 계시도록 해야 하고 하나님의 목적과 방법만 있어야 한다. 그것이 무너진 것을 회복하는 진리의 성벽을 쌓는 것이다.

세대와 세대 사이

배경이 다르다

요즘 청년들이 교회를 떠나고 있다. 교회에 청소년들이 사라지고 있다. 주일학교가 없는 교회가 늘고 있다. 교회는 노인들로 채워지는 서구의 교회가 되어가며, 다음 세대를 위해 준비해야 한다고 문제를 제기하는 사람들의 이야기를 듣는다.

그런데 이런 문제를 듣고 하나님께 기도할 때, 우리는 이렇게 되게 해달라고하기보다 그 이유가 무엇인지 기도해야 한다. 이 모든 문제에 답을 가지고 계신 분은 하나님이시기 때문이다.

한국은 현재 세대와의 갈등이 심각하다. 그렇기에 기도하는 사람은 상황을 이해하고 세대와 세대 사이에 서야 한다. 하나님의 관점으로 문제를 보아야 한다.

세대는 1세대와 다음 세대로 나누어 볼 필요가 있다. 한국의 1세대와 다음 세대는 근본적인 차이가 있다. 바로 배경이다. 1세대는 무속과 불교와 유교가 배경이고, 애굽에서 나와야 가나안 땅에 들어갈 수 있다.

한편, 다음 세대는 인본주의라는 애굽에서 나와야 한다. 인본주의라는 환경에서 성장하면서 인본주의가 애굽이 되었다. 사실 1세대도 인본주의 속에서 살면서 무속과 불교와 유교와 함께 인본주의가 혼합된 애굽에서 살고 있다.

가나안 땅에 들어가려면 애굽에서 나와야 한다. 그러나 각 세대의 애굽이 다르다는 사실을 인지하지 않는 것 같다. 1세대는 다음 세대를 보면서 자신과 같은 배경 속에서 산다고 오해하는 것이다. 한국 교회는 1세대의 열매이다. 복음이 들어올 당시 한국의 배경은 무속과 불교와 유교였다. 이제 그 열매로 한국 교회가 있는 것이다. 그러나 다음 세대는 무속과 불교와 유교의 영향은 있지만, 직접적인 영향은 오히려 인본주의라고 봐야 한다.

신관이 다르다

1세대와 다음 세대는 신관이 다르다. 1세대는 신이 있다고 믿는 유신론적인 신관이다. 그러나 다음 세대는 신이 없다고 하는 무신론적인 신관이다. 신이 사람을 만든 것이 아니라 사람이 자신을 위해 신을 만들었다고 한다. 사실 신이 없다고 하는 것이 신이다. 신이 없다고 믿는 것 자체가 '없는 신'을 믿는 것이다. 신이 없다고 믿기 때문에 신을 대체할 무언가를 찾는다. 신을 대체할 인간이다. 인간이 곧 신이다. 자기가 인간으로서 신적인 권위와 능력을 행사하는 것이라 믿는 것이다.

  1세대는 신이 있다고 믿기에 잡신이라도 믿는다. 그래서 그들은 하나님이 전능하시고 위대하시며 창조의 신인 것을 받아들이는 순간, 하나님을 믿는다. 하나님을 인정하는 것이 기본적인 생각이기 때문에, 참된 하나님을 경험하고 인격적인 하나님을 알게 되는 것이 1세대 신앙의 여정이다. 또한, 그들은 인격적인 하나님을 만나고 또 얼마나 자신에게 인격적이신지 알아가며, 소위 말하는 '은혜'를 경험한다. 그러나 여전히 인격적인 하나님에 대한 동의나 경험 없이 미신을 믿듯 신앙생활을 하는 사람도 있다. 또는 구원은 주어졌지만 승화되어가는 과정이 더디고 변화되지 않은 자신을 인식하지 못한 채, 신앙생활이 교회 생활로만 남아있기도 한다.

  반면, 다음 세대는 신이 없다고 믿기 때문에 하나님을 만나는 사건이 중요하다. 그들은 이미 인본주의적인 배경과 환경 속에서 살아왔다. 예전과는 다르게 부모의 배려와 사랑과 보호로 성장한 세대이기도 하다. 자녀들이 원하는 것이 가능한 허용되는 가정에서 성장했다. 그래서 자신의 의사를 존중받지 못하면, 동기부여가 되지 않고 존중하지 않는 사람을 무시한다. 자신을 인정하지 않는 사람을 오히려 인정하지 않을뿐더러, 무가치하게 여긴다.

  이런 배경 속에서 교회에 가면, 하나님도 자신을 존중해야 한다고 생각한다. 내가 원하지 않으면 하나님은 어떤 것도 하면 안 되는 것이다. 옳고 그름을 하나님이 판단하는 것이 아니라, 내가 판단한다. 좋은지 나쁜지 판단하는 것도 하나님이 아니라 나라고 배워왔다. 하나님의 주권과 위대한 일들은 중요하지 않다. 그 하나님은 나의 선택과 아무런 상관이 없다고 본다.

그렇기에 다음 세대에게 가장 필요한 것은 절대적이고 주권적인 하나님을 만나는 것이다. 그리고 이들에게 가장 중요한 사역은 예배 사역이다. 다음 세대의 간증을 들어보면, 90% 이상이 예배할 때 하나님을 경험하면서 인정하게 되었다고 한다. 그러나 예배의 시간만으로는 충분하지 않다. 하나님을 경험하고 난 후 말씀의 울타리가 세워져야 하고, 말씀의 양식이 되어 계속해서 성장해가는 것이 두 번째로 필요한 사역이라고 볼 수 있다. 그렇기에 이제 교회에서 성경을 가르치는 사역이 다시 준비되어야 한다.

그러나 오해가 없어야 하는 것은 성경의 지식이 믿음은 아니라는 것이다. 지식이고 정보일 뿐이다. 성경의 내용은 지식이고, 정보로서 믿음의 토대를 만드는 중요한 양식이 된다.

찬양과 예배 속에서 하나님을 깊이 만나는 환경이 조성된 교회는 늘어날 것이다. 그리고 성경의 내용을 지식으로 전달하지 않고 양식이 되게 하는 교회가 성장하게 될 것이다. 성경을 아는 것이 아니라 하나님을 알아야 하기 때문이다.

우리는 강제적으로 다음 세대가 하나님을 믿게 할 수 없다. 1세대는 강권적으로 교회에 오게 할 수 있었을지 몰라도, 다음 세대는 분명한 동기부여 없이 움직이지 않는다. 교회에 가야 할 분명한 이유가 있어야 움직일 것이다.

하나님을 부정하면 죄를 부정하게 되고, 죄를 부정하면 십자가도 필요 없다고 생각한다. 이 세대가 죄를 부정하는 것은 하나님을 부정하기 때문에 생긴 결과이며, 그래서 죄의식도 없다. 죄의 기준은 성경에서 말하는 절대적 기준이다. 그러나 다음 세대가 죄라고 하는 것은 사회적으로 합의한 법을 어기는 것이라고 한다. 동성애는 분명히 성경에서 죄라고 말한다. 그러나 미국이나 유럽에서는 동성애가 죄가 아니고, 동성애를 죄라고 말하는 사람의 행위가 죄라고 규정한다. 곧 사회적 합의가 된 법을 어기는 것이 죄라고 보는 것이다. 사실 동성애를 정죄하는 것은 동성애가 죄라는 사실을 인정하지 않는 것보다 더 문제이다. 상대적 기준이라고 할 때, 죄를 정하는 것이 하나님이 아니라 사람이라고 보는 것이기 때문이다. 하나님을 왜곡하는 것이나 하나님이 없다고 하는 것은 모두 하나님을 부정하는 것이다.

가치관이 다르다

1세대가 교회에 오는 목적은 극복이었다. 가난을 극복하고, 아픔과 고통에서 벗어나고, 힘든 사회적 환경이 변화되는 것에 많은 관심을 가졌다. 일본 식민지에서 벗어나고 공산주의를 피해 신앙의 자유를 찾는 것, 전쟁 후 폐허가 된 나라를 복구하고 절대빈곤에서 벗어나는 것이 그들이 생각하는 소망이었다.

교회는 사회의 약한 부분을 담당하게 되어있다. 그렇기에 식민지의 억압과 찾는 것이 교회였다. 공산주의를 반대하는 것이 교회였다. 가난에서 벗어나도록 돕는 것이 교회였다. 이것이 1세대가 생각하는 교회의 핵심가치였고, 목적이었고, 기도였다. 그러나 오늘날은 식민지 지배와 공산주의와 가난과 싸우지 않는다. 오늘날 세대의 싸움은 다르다.

이제 1세대의 사회적이고 국가적인 역할을 다음 세대에게 넘겨줄 때가 왔다. 그런데 아직 1세대가 이런 싸움을 해야 한다는 사명을 주장하면서, 세대간 갈등은 심화할 수밖에 없었다. 지금까지 헌신적으로 달려온 믿음의 사람들에게 존경과 사랑을 드려야 한다. 어쩌면 그 부정적인 결과로 기복신앙의 모습이 교회에 있는지도 모르겠다.

현재 세대에게는 극복할 것이 별로 없다. 부모 세대로 인해 주어진 것이 많다. 하고 싶은 것을 하고, 원하지 않는 것은 해야 하는 것이라도 우선순위에서 밀린다. 어릴 때부터 가정에서 학습된 것이다. 힘들고 어려운 것은 부모가 달게 받고, 우리 자녀 세대는 고통을 주고 싶지 않은 부모의 마음일 것이다. 다음 세대에게 중요한 가치관은 내가 "원하느냐?"이다. 다른 말로 하면

'행복'이다. 그래서 1세대가 해야 할 것을 해왔다면, 다음 세대는 원하는 것을 한다. 그리고 이것은 신앙생활에 중요한 가치관이 된다.

그동안 교회에서 기도해야 하기에 기도했다면, 이제는 기도해야 한다는 마음이 없어지기 시작했다. 그동안 성경을 읽어야 한다고 했다면, 이제는 원하면 언제든지 볼 수 있는 스마트폰이 있다. 노력해야만 생존했다면, 이제는 노력하지 않아도 누릴 수 있는 것이 많다. 예전에는 배고픔의 문제였다면, 이제는 배 아픈 문제이다. 절대적 빈곤에서 상대적 빈곤으로 바뀌었다.

1세대는 안 먹고 안 입고 안 써서 자녀들에게 주었다. 다음 세대는 부모가 준 것을 쓰고, 자신이 벌어서 쓰고, 빚내서 쓴다. 1세대는 미래를 위해 자신의 시간과 삶을 투자했다. 다음 세대는 현재를 위해 미래의 돈과 미래의 시간과 열매를 빚내서 가져다 쓴다. 왜 그럴까? 오늘이라는 현재의 내가 행복한가가 중요하기 때문이다. 지금 내가 행복한 것이 중요하기 때문이다. 지금 내가 만족하고, 지금 내가 기쁘고, 지금 내가 누려야만, 행복하다고 여기기 때문이다.

예전에는 "당신이 지금 죽으면 천국에 갈 수 있습니까?"라는 질문을 하면서 전도했다. 천국에 대한 기대감과 소망이 있기 때문에 전도할 때 흔히 쓰던 질문이다. 극락왕생이라는 불교 이념 때문이고, 옥황상제라는 개념도 있으니 천국에 대한 그림은 이미 가지고 있다. 믿지 않는 사람도 내생에 대한 개념이 있는 것이다. 그러나 요즘 젊은 세대에게 전도하면서 "당신이 지금 죽으면 천국에 갈 수 있습니까?"라는 질문을 하면, 아마도 "천국에 왜 가야 하는데요? 가 보셨습니까? 죽어보셨습니까?"라고 질문할 것이다. 그들은 내생에 대한 기대가 없기 때문이다. 죽으면 끝이라고 생각하기 때문에, 죽은 후는 중요하지 않다. 죽은 후를 위해 지금 삶의 행복을 희생하고 싶어 하지 않는다. 그래서 교회에서 행복해야 하는 것이 다음 세대의 생각이다. 교회가 지옥 같으면 어떻게 천국을 알겠는가? 교회 다니는 것이 고통스럽고 교회에 불법과 불의가 보이고 교회가 자신을 억압한다고 생각하면, 행복하지 않다고 느끼기에 교회를 거부할 것이다.

1세대는 물건을 하나 사기 위해 돈을 모은다. 미래를 위해 현재의 시간과 돈을 모은다. 그러나 다음 세대는 물건을 사기 위해 신용카드를 사용한다. 미래의 시간과 돈을 현재로 가져와 사용한다.

재정에 대한 가치관도 많은 차이가 있고, 이것은 신앙생활과 기도에 영향을 준다. 1세대는 충분히 기도해서 하나님의 응답을 받는다고 생각한다. 다음 세대는 미래에 주어질 것을 미리 받아서 사용하려고 한다. 하나님의 응답을 미리 받아들이고 현재의 삶을 산다고 생각한다. 하나님이 주신 것이 아니어도 상관없다고 생각하는 것이다.

다른 것과 틀린 것의 차이

1세대는 다른 것을 틀렸다고 본다. 획일적인 문화를 추구해왔고, 같은 생각과 같은 옷, 같은 언어, 같은 지역, 같은 학교, 같은 색깔 등 하나가 되는 것은 하나로 통일되는 것이라고 여겼기 때문이다. 그래서 그들에게 다른 것은 틀린 것이다.

하지만 세대가 바뀌었다. 하나가 되는 것은 퍼즐 조각이 하나로 끼워 맞춰지면서 하나의 그림을 완성하는 것으로 여기는 사람이 늘고 있다. 서로 다르지만 손을 잡고 연합할 때, 한 방향으로 가면서 각자 다른 소리로 화음을 만들 수 있다고 생각한다. 서로 존중하며 인정할 때, 하나라고 생각하는 것이다.

여기서 다른 것을 틀렸다고 보는 시각도 문제이지만, 틀린 것을 다르다고 보는 시각도 엄청난 문제를 가져온다. 또한, 충분히 존중하고 다른 것을 인정하면서 틀린 것을 수정하면 최상이지만, 다른 것을 틀렸다고 정죄하기 시작하면 갈등과 충돌이 일어난다.

분명 죄임에도 다른 것이라고 주장하면서 죄로 여기기보다 죄의식 없이 합리화하는 사회적 규범이나 법이 세워질 때, 죄의 법이 기준이 되는 사회적 문제가 자리 잡는다. 그로 인해 하나님을 대적하는 반성경적이고 반기독교적인 법이 교회를 무너뜨리고 하나님을 부정한다.

이때, 기도하는 사람들은 하나님의 편에서 사회를 보아야 한다. 다른 것을 틀렸다고 하지 않을뿐더러, 틀린 것을 다르다고 하지 않아야 한다. 옳고 그름이 아니라 하나님의 편에 서는가, 하나님을 대적하는가의 관점이 필요하다.

중보기도자는 옳고 그름 사이에 서야 한다. 그리고 하나님의 선에 서야 한다. 옳은 것을 옳다고, 틀린 것을 틀렸다고 말하면서 다른 것을 볼 수 있어야 한다. 이것이 시대의 분별력 있는 중보기도자가 갖추어야 할 관점이다.

모든 세대의 하나님이시다

하나님은 모든 세대의 하나님이시다. 1세대와 다음 세대를 나누어 설명했지만, 사실 이렇게 나눌 수 없다. 하나님이 보실 땐 하나의 세대일 뿐이다. 또한, 세대는 흐름이며 오늘이라는 시간을 사는 모든 사람은 하나의 세대이다. 세대는 가고 또 다른 세대가 온다.

우리가 사는 시간은 늘 과도기다. 지나가는 세대로서 살아가는 지혜를 간구해야 한다. 현재의 삶은 과거와 미래 사이에 살아가는 사이 세대다. 또한, 우리는 섬과 섬을 연결하는 대교와 같다. 그렇기에 우리를 밟고 지나가서 더 나은 삶이 되고, 하나님을 더욱 알고 더 가까이 나아가는 사람이 일어나도록 다리가 되어야 한다.

우리는 세대 갈등이 해소되길 기도해야 한다. 먼저, 1세대는 식민 지배와 전쟁과 극한의 가난을 겪었다. 하나님의 치유가 필요한 세대이다. 또한, 권위자들에 대한 상처가 보이지 않게 자리 잡은 세대이다. 교회에서조차 참된 권위를 경험하지 못한 사람도 있다. 이러한 두려움과 억압과 분노를 하나님이 만지셔서, 그리스도의 평안과 사랑으로 회복되길 기도해야 한다.

반면, 다음 세대는 의지가 무너진 사람이 많다. 자신의 선택보다 부모의 선택으로 학원에 가야하고, 교회를 다녀야 하고, 대학에 다니면서도 치열한 서열 경쟁 속에 지쳐있다. 소망을 잃어버린 세대이다. 사회의 정의에 가치를 둔 세대이다. 하나님이 이들에게 소망을 주시고, 이들이 정의를 성취하고, 이들을 통해 하나님의 영적인 유업이 흘러가도록 기도해야 한다.

1세대에게 중요한 것은 옳고 그름의 문제이지만, 다음 세대는 옳고 그름을 말하는 것을 이미 그름으로 여긴다. 누군가가 자기에게 어떻게 하라고 하는 것은 개인의 옳음을 가지고 말하는 것이라고 단정 짓는다. "밥 먹을 때는 오른손으로 먹어야지."라고 하면, "오른손으로 밥을 먹는 것이 옳은 거야. 왼손으로 밥 먹는 것은 틀린 거야."라고 말하는 것과 같다. 그리고 내가 하는 것을 교정하려는 것과 누군가 지적하는 것을 거부한다.

공포와 불안

 기도의 출발은 고통이지만 실제로 그 고통을 들여다보면, 공포와 불안이 자리 잡고 있다. 고통이 우리 속에 있는 공포를 자극한다. 그리고 공포가 실제적인 현실로 받아들여지면, 불안이라는 것이 자신을 장악하도록 던져준다. 그 불안을 이용하는 것이 증오이다.
 기도하는 사람에게 주어지는 선물은 고통이 있음에도 공포나 불안으로부터 자유로워질 수 있다는 것이다. 현실과 상황 속에서는 여전히 고통이 있다. 노력해도 해결될 기미가 보이지 않는다. 고통을 해결한다고 공포와 불안이 없어지는 게 아니다. 고통이 사라져도 공포와 불안이 불씨로 남아 있으면 언제든 흔들릴 수 있다. 그러나 그 고통의 폭포 속에서 샬롬을 경험할 수 있는 것은 바로 주님의 평화이다. 참된 평화는 고통이 사라지는 것이 아니라 마음의 공포와 불안이 사라지고 주님의 평강이 중심에 있는 것이다.

하나님이 우리가 원하는 대로 응답하시지 않는다고 해도, 하나님은 무능하지 않으시다. 우리가 하나님을 다 알지 못한다고 해도, 하나님은 여전히 하나님이시다. 우리가 진리를 행하지 않아도, 하나님은 여전히 진리의 하나님이시다. 우리가 정의롭지 않거나 사랑을 행하지 않는다고 해도, 하나님은 여전히 정의로우시며, 사랑이시다.

우리가 하나님을 부정해도 하나님은 여전히 존재하시고, 우리가 하나님을 가리려고 해도 하나님은 여전히 가려지지 않는다. 우리가 하나님을 제한해도 하나님은 전혀 제한받지 않는 분이다. 사람이 하나님을 돕는 것이 아니며, 하나님은 인간의 어떤 도움도 필요하지 않으신다.

악에 대한 기도

우선 우리는 악에 대한 정의가 필요하다. 도대체 악이란 무엇인가? 악이란, 죄의 뿌리에서 행해지는 죄의 행위가 하나님을 대적하는 것이다. 성경에서 말하는 탐심, 거짓, 도둑질, 살인, 폭력, 음란, 우상숭배 등 구체적으로 열거하면 이루 말할 수 없을 정도이다.

하나님이 악을 제거하시지 않는 이유는 악을 대체할 선한 사람이 준비되어 있지 않기 때문이다. 악은 악으로 제거하지만, 선이 준비되어 있지 않으면 곧 또 다른 악이 그 자리를 차지한다. 그렇기에 우리는 의인이 합당한 자리에 있도록 기도해야 한다.

악을 행하는 사람을 제거하면, 우리는 자유를 얻는 것이 아니라 삶의 터전이 무너질 수 있다. 비록 악의 그늘에 있다 하더라도 생명을 유지할 수 있다면, 하나님은 그 조직을 유지하도록 유보하신다. 악이 악을 칠 때를 기다리시며 선이 악을 이기도록 기다리신다. 악을 지금 당장 없애버리지 않는 것은 또 다른 악이 장악하기 때문이다. 하나님은 또 다른 악이 준비된 것을 아신다.

악을 악으로 갚지 말라고 하신 것은 선한 사람이 악이 되기 때문이다. 선한 사람은 선으로 남아야 한다. 선한 사람은 선한 방법으로 선을 행하는 사람이다. 하나님의 방법으로, 하나님의 뜻에 따라 악이 다뤄져야 한다. 분명한 것은 악은 선을 이길 수 없다.

기도는 악의 평범함에 답하는 것이다. 그러기 위해서는 선과 악에 대한 기준을 가지고 선과 악의 모호한 기준에 대한 정의가 있어야 한다. 악의 평범함에 대한 도전으로 악을 악이라고 말하는 것이다. 선과 악의 기준이 옳은가, 그른가에 대한 답이 아니라 하나님의 편에 있는가, 반대편에 있는가이다.

우리는 악이 제거되도록 기도한다. 세상의 악이 사라지기를 기도한다. 심지어 악을 저지르는 사람이 사라지도록 기도하기도 한다. 이스라엘 백성이 가나안 땅에 들어갔을 때, 그곳에는 일곱 족속이 살았다. 그런데 하나님이 한 번에 가나안 족속을 쫓아내지 않으신 것은 짐승들이 가나안 땅을 차지하지 않도록 하기 위함이다.

우리가 사는 시대에 악이 한꺼번에 없어지지 않는 이유는 지금의 악이 사라질 때, 더 큰 악이 사람을 해치지 못하도록 하나님이 속도 조절을 하시는 것이다. 의인이 준비되고 그 영향력으로 사람들을 유익하게 하도록 준비되면, 하나님은 하나님의 때에 그 악을 제거하신다. 그러므로 우리는 악이 제거될 때까지 인내하고 기다리고 기도하면서, 하나님의 사람이 준비되도록 기도해야 한다.

2장

**세상과
사람 사이**

영적인 세계의 이해

우리가 종교적 가치를 잘못 이해하는 것 중의 하나가 영적인 집착이다. 이것은 우리가 원하는 것이 이루어지도록 영적인 집착에 빠진다. 실제 삶과 분리된 채로 영적인 활동에 집착하면서 영적인 것에만 우선권을 두는 행위이다.

기독교는 분명 영적인 활동을 전제하는 신앙이다. 하나님은 영이시고, 사람을 영적인 존재로 창조하셨다. 사람이 영적인 활동이 가능한 것은 하나님의 형상대로 지으셨기 때문이다.

그러나 영적인 활동에만 집착하면 하나님을 잃어버릴 수 있다. 하나님보다 영적인 활동을 먼저 선택하며 오류에 빠지는 것이다.

기도는 영적인 활동에 유익함이 있다. 그러나 기도의 영적인 유익이 하나님보다 앞설 수는 없다. 하나님의 영적인 활동에 내가 참여하면서 누리는 것이 기도이다.

영적인 활동에 집착하는 기도는 결국, 하나님이 아닌 다른 영을 따라가는 오류를 발생시킨다. 그리고 기도하지 않는 사람을 심판하고 정죄한다. 또한, 자신이 하는 것처럼 기도하지 않는 사람도 비판한다.

참된 영적인 활동은 영적인 집착에 빠지지 않고, 하나님의 영적인 활동에 참여하고 누리는 것이다. 그런데 우리가 영적인 이해를 하는 것은 기본적으로 이 땅에서 배운 것이 전부다. 문화 속에서 영적인 지식이 우리의 기도와 신앙생활에 기반이 되었고, 기도의 재원이 되었다.

살아계셔서 말씀하시는 하나님의 음성을 듣고, 뜻을 구하는 것에 실패할지라도, 하나님은 여전히 말씀하신다.

성경에서 유대인들은 하늘을 삼층 천으로 이해한다. 사도 바울도 삼층 천에 다녀왔다고 언급한 것을 볼 수 있다. 유대인들이 이해하는 일 층 천은 새들이 날아다니는 하늘이다. 즉, 우리가 말하는 'sky'이다. 이층 천은 별들과 달과 해가 움직이는 공간이다. 그래서 하나님이 지으신 우주 만물은 하나님이 주관하고 계신다고 믿는다. 삼층 천은 영적인 세계라고 안다. 그래서 사도 바울이 삼층 천에 갔다 왔다는 것은 영적인 공간에 다녀왔다는 것이다.

그리스 로마의 영적인 세계관을 보면, 그들은 보이지 않는 세계와 보이는 세계, 영적인 세계와 현실의 세계, 거룩한 것과 속된 것, 흑과 백, 좋은 것과 나쁜 것, 옳은 것과 그른 것 등 흔히 말하는 이분법적으로 세상을 이해한다. 그런데 예수님은 로마가 지배하던 때에 태어나셨고 공생애를 거쳐 십자가에 죽으신 배경도 로마의 신관과 문화이다. 복음의 역사와 확산은 그리스 로마가 지배한 나라들을 따라 있었다.

구약과 신약의 확연한 차이는 구약에선 영적인 이야기가 별로 언급되지 않지만 사도 바울의 서신서와 신약의 배경에는 많이 나타난다는 것이다. 예수님의 영적인 세계에 관한 언급과 함께, 사단에 관한 이야기도 신약을 통해 가시적으로 볼 수 있다.

한편, 우리가 눈을 열어 좀 더 보아야 할 영역이 있다. 보이는 현실 세계와 보이지 않는 영적인 세계를 함께 볼 수 있어야 한다. 현실 세계와 영적인 세계가 어떻게 연결되어 있는지 살펴보아야 한다. 기도는 현실 세계와 영적인 세계를 함께 다루는 것이기 때문이다.

> 내가 천국 열쇠를 네게 주리니 네가 땅에서 무엇이든지 매면 하늘에서도 매일 것이요 네가 땅에서 무엇이든지 풀면 하늘에서도 풀리리라 하시고 진실로 너희에게 이르노니 무엇이든지 너희가 땅에서 매면 하늘에서도 매일 것이요 무엇이든지 땅에서 풀면 하늘에서도 풀리리라 진실로 다시 너희에게 이르노니 너희 중에 두 사람이 땅에서 합심하여 무엇이든지 구하면 하늘에 계신 내 아버지께서 저희를 위하여 이루게 하시리라 두 세 사람이 내 이름으로

모인 곳에는 나도 그들 중에 있느니라 (마 16:19-20)

예수님은 같은 말씀을 16장과 18장에서 두 번이나 하신다. 그런데 우리가 관심을 가지고 보아야 할 것은 하늘과 땅의 상관관계이다. 땅에서 매면 하늘에서도 매이고, 땅에서 풀면 하늘에서도 풀린다고 두 번이나 언급하신다. 그리고 매고 푸는 곳이 땅이라고 하신다. 땅에서 무엇인가를 하면 하늘에서도 동일하게 움직인다는 것이다.

미신과 무속의 문화 가운데 살아온 우리는 하늘과 땅의 세계에 대한 이해를 어느 정도는 하고 있다. 그러나 성경에서 가르치는 것과는 상반된다. 즉, 하늘에서 매면 땅에서 매이고, 하늘에서 풀면 땅에서도 풀린다고 믿는 것이다. 그래서 비가 오지 않으면 기우제를 지낸다. 하늘이 노해서 땅이 고통받는다고 믿는 것이다. 가나안 땅에 사는 주민들도 그렇게 믿었다. 가나안 땅의 바알과 아세라를 섬기면 땅에 많은 열매를 얻을 것이라고 믿었다. 이스라엘 사람들도 가나안의 바알과 아세라를 숭배하고 우상숭배에 빠지면서, 하나님이 그들에게 가르치신 것을 잊어버렸다.

하나님은 분명 땅에서 하나님을 사랑하고 이웃을 사랑하면 복을 얻고 이스라엘 사람들로 인해 땅이 복을 얻을 뿐만 아니라, 열방이 복을 얻을 것이라고 말씀하셨다. 땅에서 하나님 앞에 어떤 삶을 사느냐에 달려있다고 가르치신 것이다. 영적인 세계를 움직여야 땅에 결과가 생기는 것이 아니라, 땅에서 어떤 삶을 사느냐이다. 서로 용서하고 사랑하면 땅에 묶여 있는 것이 풀어지고, 그것이 하늘에 묶인 것을 푼다고 가르치신다. 또한, 주님은 "내 이름으로 모인 곳에 함께 있겠다."라고 약속하셨다. 곧, 교회 공동체는 땅에 묶여 있는 것을 푸는 곳이고, 이 용서가 하늘에 묶여 있는 것을 푼다고 말씀하신 것이다.

주님은 교회에 천국의 열쇠를 주셨다. 그리고 그 열쇠를 사용하라고 하신다. 땅에 세워진 교회의 권세를 통해, 하늘의 권세에 영향을 준다고 말씀하신다. 우리는 죽은 후에 천국의 열쇠를 받는 것이 아니다. 지금 사는 동안, 지금 상태에서 천국의 열쇠를 소유하는 것이다. 그 천국의 열쇠가 바로 예수 그리스도이시다. 그래서 예수 그리스도의 이름으로 구하는 모든 기도에 능력이 있다.

이제 우리가 알아야 하는 교회의 위치가 있다. 곧 세상과 사람 사이에 있는 교회의 위치이다. 하나님과 사람 사이에서 관계를 회복하는 것이 교회의 역할이라고 한다면, 세상과 사람 사이에서 교회는 관계를 끊는 역할이다. 즉, 죄와 사람 사이에 서는 것이다. 그리고 사단과 사람 사이에 서는 것이다. 그러므로 교회는 죄에 대해 다뤄야 하고, 어둠의 영을 제어할 권세가 준비되어야 한다.

죄와 사람 사이의 기도

세상을 만드신 하나님은 세상을 사랑하신다. 에덴을 만드시고 사람을 두시고 복을 주셨다. 그런데 사람에게 죄가 들어왔고, 하나님이 만드신 곳은 죄로 오염되었다. 하나님은 세상을 사랑하셔서 독생자를 주시고, 멸망치 않고 구원을 얻게 하셨다. 이 세상 가운데 구원의 여정 속에 교회를 두시고 구원의 완성 역사를 진행하신다.

사단이 인간의 모든 영역을 지배하는 것은 아니다. 사단이 간섭할 수 있는 것은 제한적이다. 곧 사단은 죄의 영역만큼 사람을 조종하고 영향력을 행사할 수 있는 발판이 된다. 미신을 믿는 사람들은 자기 삶에 문제가 생기면, 가장 먼저 악한 영이 역사하는 것인지 의심한다. 그래서 문제가 일어나는 것은 영적인 문제라고 생각한다.

그러나 분열의 영이 있기 때문에 사람들이 분열하는 것이 아니다. 사람들이 서로 다투고 미워하고 용서하지 않기에 분열의 영이 역사하도록 문을 열어준 것이다. 분열의 영이 존재하고 역사하고 있기에, 그것을 대적하려면 먼저 다툼을 멈추고 사랑하고 결정해야 한다. 그리고 용서하고 용납하면서 분열의 영을 대적하면 꼼짝없이 떠나가게 될 것이다.

음란의 영이 있어서 사람들이 음란의 죄를 범하는 것이 아니라, 사람들이 정욕으로 음란의 죄악을 범하기 때문에 음란의 영이 역사하도록 기회를 준 것이다. 우상숭배의 영이 있어서 사람들이 우상숭배를 하는 것이 아니라, 우상숭배를 하므로 우상숭배의 영이 역사하는 것이다. 또한, 맘몬의 영이 역사하고 있어서 사람들이 탐욕과 돈을 사랑하는 것이 아니라, 사람들이 하나님보다 돈을 더 사랑하는 탐욕 가운데 있어서 맘몬의 영이 역사하도록 길을 만들어 준 것이다.

쓰레기가 쌓여 있는 곳에 파리가 모여든다. 사람들은 파리를 쫓고 파리약을 뿌리지만, 시간이 지나면 다시 모여든다. 사실 파리를 없애는 가장 좋은 방법은 쓰레기를 치우는 것이다. 그런데 사람들은 쓰레기를 치우지 않으면서 파리가 없어지길 기대한다. 마찬가지다. 어둠의 영이 사라지기를 기대하면서 죄를 해결하려고 하지는 않는다. 우리 삶의 영적인 문제를 해결하려면, 먼저 자기 삶의 죄를 해결하는 것이 필요하다.

어둠의 영의 존재를 부정하는 것이 아니다. 어둠의 영이 역사하지 못하도록 빛의 영역을 만드는 것이 바로 그리스도인들이 해야 할 사명이라는 것이다.

우리는 죄인과 죄의 행위를 동일시하는 문화가 있다. 그런데 하나님은 죄인과 죄의 행위를 구별하신다. 하나님은 죄인은 사랑하시지만, 죄의 행위는 미워하신다. 그렇기에 우리는 하나님이 죄인을 사랑하시는 것처럼 죄인을 사랑해야 한다. 하나님이 죄악을 미워하신 것처럼 우리도 죄악을 미워해야 한다.

그런데 지금 일어나는 일들을 보면, 그리스도인들은 죄인을 미워한다. 하나님이 죄인을 사랑하시는 것처럼 사랑해야 함에도 죄를 해결한 후에 교회에 들어오도록 하고, 정죄한다. 죄의 행위를 행하는 사람은 분명 죄인이지만, 죄인을 정죄하는 사람은 정죄를 죄라고 여기지 않는다. 오히려 그렇게 죄를 지적하고 정죄하는 것을 의로운 행위라고 생각하는 것 같다.

하나님이 죄인을 사랑하시는 것처럼, 교회도 죄인을 정죄하지 않고 사랑하는 것이 마땅하다. 예수님은 죄인들의 친구셨다. 예수님이 행하셨던 것처럼 우리도 동일하게 행해야 한다.

또한, 교회는 죄인과 죄의 행위 사이에 서야 한다. 교회가 죄인과 죄를 동일시하여 정죄하면, 사람을 미워하고 정죄하게 될 것이다. 그리스도인들은 사람 편에 서서 사랑하고, 그 사람과 함께 죄와 싸워야 한다. 그리스도인들이 싸워야 하는 것은 바로 그 사람의 죄와 문제이다.

하나님은 모든 죄의 권세를 깨뜨리셨다. 그러면 우리는 더는 죄와 상관없는 사람이 되어야 하는 것이 아닌가? 그런데 우리는 왜 다시 죄를 짓는가?

첫째, 죄의 습관이 남아 있기 때문이다. 우리가 예수님을 영접하면서 죄의 권세는 무너졌다. 그러나 아직 육신에는 죄의 습관이 남아있다. 그래서 성경은 죄와 싸우라고 말씀하신다. 피 흘리기까지 싸우라고 하신다. 개인의 영적인 승리는 죄와 싸워서 이기는 것이다. 그리고 그렇게 승리할 수 있는 것은 올바른 선택을 하는 것이다. 죄와 직면하는 것도 필요하지만 경건의 연습을 통해 승리할 수 있다.

그렇다면 우리는 죄를 이길 수 있는지 시험할 필요가 없다. 죄의 상황 가운데서 피해야 하기 때문이다. 그리고 죄와 하나님 중에 하나를 선택하는 상황을 가급적 만들지 않는 것이다. 우리가 언제든지 하나님을 선택하는 삶을 살면, 죄를 선택하는 삶은 줄어들게 될 것이다.

둘째, 죄의 영향력이다. 습관이 개인적이라면 영향력은 사회적이다. 습관이 내부적이라면 영향력은 외부적이다. 우리가 죄의 영향력이 있는 환경에 노출될 때, 죄의 습관을 지닌 사람은 죄를 선택할 수밖에 없는 육신의 정욕을 가진 존재이다.

사단은 개인의 죄 습관 가운데 역사하고 사회의 죄 영향력에 역사한다. 그렇기에 개인의 죄 습관에서 자유롭게 되고, 사회적인 죄의 영향력을 제한하며, 성령님이 역사하시는 사회가 되게 하는 것이 바로 중보기도의 역할을 하는 교회의 사명이다.

죄의 해결

우리는 죄로 말미암아 영향을 준 범위만큼 책임도 져야 한다. 어떤 사람의 돈을 훔쳐 갔다가 하나님 앞에서 죄로 여기고 회개했다면, 반드시 훔친 것을 돌려줄 뿐만 아니라 성경의 원칙대로 4배로 갚아야 한다.

죄를 범한다는 것은 영적인 것이다. 영적이라는 것은 하나님 앞에 범죄 한 것이고, 어둠의 영에게도 기회를 준 것이다. 그래서 우리의 죄를 해결하려면 하나님 앞에서 회개해야 하고, 반드시 죄의 영향을 준 범위에 있는 사람에게 찾아가서 해결해야 한다.

사람에게 거짓말을 했다면, 하나님 앞에서 회개하고 거짓말한 사람에게 가서 정직하게 고백하며 용서를 구해야 한다. 하나님 앞에서 회개한 것으로 모든 게 끝난 것은 아니다.

교회는 죄를 다루는 곳이어야 한다. 죄를 다루지 않는 교회는 결코 죄를 해결하는 그리스도의 십자가를 정확하게 가르칠 수 없다. 예수님의 십자가는 죄에 대한 대가를 치르신 사건이다. 죄의 합당한 열매를 맺는 곳이 교회이어야 한다.

견고한 진

우리가 육신으로 행하나 육신에 따라 싸우지 아니하노니 우리의 싸우는 무기는 육신에 속한 것이 아니요 오직 어떤 견고한 진도 무너뜨리는 하나님의 능력이라 모든 이론을 무너뜨리며 하나님 아는 것을 대적하여 높아진 것을 다 무너뜨리고 모든 생각을 사로잡아 그리스도에게 복종하게 하니 너희의 복종이 온전하게 될 때에 모든 복종하지 않는 것을 벌하려고 준비하는 중에 있노라

(고후 10:3-6)

견고한 진이란, 사람들의 반복적인 죄로 말미암아 어둠이 자리 잡은 영역으로 정의할 수 있다. 그리고 성경은 견고한 진을 생각과, 이론과, 하나님 아는 것을 대적하는 것이라고 말한다.

생각

A.W 토저는 "생각은 하나님의 거룩함이 머무는 장소이다. 생각

이 깨끗해져야 삶이 깨끗해진다."라고 말한다. 이렇듯 생각에 하나님의 거룩함이 머물게 해야 한다. 우리는 온종일 무슨 생각을 하는가? 한번 살펴보길 바란다. 우리의 생각은 우리의 주된 관심사이고, 생각하는 것은 삶의 결과로 나타난다. 생각은 행동이 되고, 행동이 반복되면 습관으로 자리 잡고, 습관은 사람들에게 인격으로 나타나고, 그 인격은 삶의 결과로 나타난다. 그렇기에 자기 삶을 바꾸려면 생각을 바꾸어야 한다. 그러면 어느 날, 삶이 변화된 것을 발견하게 될 것이다.

성경에 "마귀가 유다에게 예수님을 팔려는 생각을 넣었다(요 12:3)"라는 구절이 있다. 그 행동의 출발이 마귀가 어떤 생각을 넣었기 때문이라고 한다. 물론 이 성경 구절을 다르게 해석하기도 한다. 유다의 행동이 마귀적이어서 이렇게 표현했을 것이라고도 본다. 가룟 유다의 생각에 직접적인 어떤 행동의 그림이 주어질 때 스쳐 지나가는 생각으로 무시할 수도 있었지만, 그는 그것을 붙잡아 행동으로 옮긴 것이다.

우리의 일상생활에서도 이와 같은 일이 일어난다. 우리의 생각은 사단이 주는 것도 있지만, 하나님이 주시는 것도 있다. 빛과 어둠의 생각이 교차한다. 그때, 우리의 선택은 어떤 생각을 행동으로 옮길 것인가에 달려 있다. 어떤 사람의 생각이 늘 악하고 교만하고 죄 가운데서 행하는 것이라면, 아마 죄를 선택하는 행동을 서슴지 않고 행할 것이다. 이런 사람은 늘 사단에게 조종당할 것이다. 사단이 어떤 생각을 주는 것도 문제이지만, 그 생각을 받아들일 준비가 된 그 사람의 생각은 더 큰 문제이다.

우리는 신앙생활을 통해 생각을 다루어야 한다. 기도는 바로 이런 생각을 다루는 중요한 요소다. 내 생각이 하나님이 주신 것인지 묻고 하나님의 생각을 의뢰하기 시작하면, 어떤 어둠의 악한 생각도 행동으로 옮겨질 수 없다. 그렇기에 생각이 하나님께 있게 해야 한다.

우리의 생각이 악을 반복적으로 행하는 것으로 가득하면, 사단은 그 생각에 자리 잡고 자기 영역이라고 주장하는 생각의 영역에 있는다. 악한 생각을 떨쳐버리려고 해도 벗어날 수 없는 생각으로 인해, 기회가 되면 그 생각을 실행에 옮기게 마련이다.

그렇기에 우리의 성숙한 신앙생활에 중요한 첫걸음은 바로 생각을 경건하게 만드는 것이다. 기도는 마치 필터와 같이 더러운 것을 거르는 역할을 한다. 더러운 생각이 들어올 때 경고등이 켜지고 필터가 작동되어, 죄가 우리 생각에 들어오지 못하게 한다. 또한, 생각에 경계를 만들어 악한 것이 들어오지 못하게 하는 성벽과 같고, 하나님께 묻고 반응하게 하는 센서와도 같다.

우리는 기도를 거듭하면서 하나님의 진리 경계가 생각 속에 형성되어야 한다. 기도는 중언부언하듯 말을 내뱉는 것이 아니며, 하나님의 생각을 가지고 진리로 말하는 것이다. 그리고 그렇게 하나님의 경계선이 만들어질 때, 건강한 기도가 우리의 기도

생활로 자리 잡게 될 것이다.

로마서 12장 2절에 "너희는 이 세대를 본받지 말고 오직 마음을 새롭게 함으로 변화를 받아 하나님의 선하시고 온전하시고 기뻐하시는 뜻을 분별하도록 하라"라고 말씀한다.

우리는 하나님의 뜻을 분별하는 삶을 살아야 한다. 자기 삶을 살지만, 하나님의 뜻 위에 살아야 한다. 마치 레일 위에 기차가 지나가는 것처럼 하나님의 뜻이라는 레일 위에 우리의 삶을 기차처럼 움직여야 한다. 하나님의 뜻을 벗어나는 것은 레일을 이탈한 기차와도 같다.

또한, 하나님의 뜻 안에서 살려면 마음을 새롭게 해야 한다. 마음을 새롭게 하는 것은 마음의 생각을 새롭게 하는 것이다. 한국어 성경의 마음은 'mind'라는 단어의 의미이다. 마음의 생각은 우리의 사고방식으로 나타나고 가치관으로 작동되는 삶의 방식이 되기도 한다.

마음의 생각이 바뀌려면 먼저 이 세대를 본받지 않는 것이 선행되어야 한다. 우리의 생각으로 들어오는 것에 있어서 보는 것과 듣는 것에 관리가 필요하다. 보아야 할 것과 듣는 것을 스스로 선택하는 것이다. 선택해서 보고 듣지 않으면, 혼합된 세상의 가치관이 우리를 장악할 것이다.

어쩔 수 없이 보이는 것과 어쩔 수 없이 듣는 것에 대해서도 진리의 견고한 진이 세워져야 한다. 보기는 보아도 본 것이 전부가 아니고, 듣기는 들어도 들은 것이 전부가 아니기 때문이다. 우리는 부분적으로 보고 부분적으로 듣는다. 그래서 전부를 이해한다고 해도 사실은 부분적으로 이해하는 것이다. 자기가 보는 것과 듣는 것을 무시하거나 신뢰하지 말라는 것이 아니다. 다만 참고사항으로 여기며 확인의 과정을 거치면서 진리의 기준에 비춰보아야 한다.

하나님의 뜻은 하나님의 성품을 벗어난 적이 단 한 번도 없다. 우리 가운데 일하실 때, 하나님의 방법으로만 일하시기 때문이다. 우리는 하나님의 뜻을 분별하고 싶은 갈망이 있어야 한다. 그런데 만약 하나님의 뜻을 선택적으로 받아들인다면 하나님의 뜻을 분별하기 쉽지 않다.

하나님의 뜻이 개인의 삶에 이루어지기를 원하는 사람이 기도할 때, 사회와 나라에 하나님의 뜻이 이루어지도록 기도할 권한이 있다. 개인의 삶에 하나님의 뜻이 선택적으로 이루어지도록 기도하면서, 어떻게 하나님의 뜻이 사회와 국가에 이루어지도록 기도할 수 있겠는가? 하나님은 기도하는 사람에게 물으실 것이다.

"너는 정말로 나의 뜻이 너에게 이루어지기를 원하느냐?"

그때, 하나님의 모든 뜻이 우리 삶에 이루어지길 원한다고 대답하는 것에 두려움이 있을지도 모르겠다. 이는 하나님의 뜻에 대한 완전한 신뢰가 없기 때문이다. 하나님의 뜻이 이루어지면

'혹시 우리가 어려움을 겪지나 않을까? 혹시 내가 지불해야 하는 대가가 크지는 않을까?' 걱정할지 모른다. 그러나 하나님의 뜻은 완전하고 모든 사람에게 평강을 주신다.

하나님의 뜻이 우리 삶에 이루어지도록 기도하는 곳이 교회다. 그런데 나의 자녀가 아닌 다른 사람의 자녀를 하나님이 마음껏 쓰시도록 기도하면서, 내 자녀는 돈을 벌어야 하고 사회적으로 높은 위치로 가야하고 사업에 성공해야 하므로, 자기 뜻이 이루어지도록 기도하는 모순된 그리스도인들을 자주 발견한다.

이론

사람들의 반복적인 행동은 습관을 만든다. 그 습관을 지닌 사람들이 모여 살기 시작하면서 서로의 습관이 하나의 일반화로 자리 잡는다. 일반적인 행동은 일상의 보편적이고 당연한 행동이다. 그것이 죄라 할지라도 죄의식은 사라진다. 이제 가정을 통해 보편화 된 습관은 다음 세대에 이어지면서 확산과 함께, 더는 이상하지 않은 사고방식이 된다.

사람들이 체계를 갖추지 않아도 이론은 존재한다. 그것이 합리적이거나 논리적이지 않아도 통용된다. 개연성이나 결과는 중요하지 않다. 이론은 곧 그 사회의 사고방식으로 자리 잡으면서 윤리와 도덕이 되고 규범이 된다. 심지어는 종교화되기도 하고 법으로 만들어지기도 한다.

그렇기에 한 사회가 바뀌려면 그 사회의 핵심적인 이론이 변화되어야 한다. 복음이 전해지면 사회는 변화의 기회가 생긴다. 사람들의 생각에 성경이 영향을 주면서 새로운 시도가 일어난다. 사람들이 성경의 진리에 따르기 시작하면서 점차 사회가 움직인다. 우리는 그것을 복음화라고 말한다. 복음화란, 사람들이 교회에 다녀서 교인의 수가 증가한 것이 아니라, 성경의 진리가 사회적 이론이 되는 것이다.

어느 시대든지 그 시대의 이슈가 있다. 그 이슈를 올바로 해석하는 것은 교회의 책무이다. 진화론 시대, 공산주의 혁명 시대, 인본주의 시대, 동성애 시대 등이 일어날 때, 교회는 적극적 혹은 소극적으로 반응했다. 반성경적이고 반하나님적인 이론들에 관한 사람들의 올바른 이해와 해석과 적용은 그 시대에 신앙 활동의 결과로 나타나는 것을 볼 수 있다.

이론은 사람들을 자동으로 움직이게 하는 힘이 있다. 생각을 지배하는 사람이 그 사람을 조종할 수 있는 것이다. 사람의 생각에 영향을 주는 것은 사단의 활동이기도 하다.

예수님은 "만물보다 거짓되고 심히 부패한 것은 마음이라(렘 17:9)"라고 하셨다. 어둠은 부패한 마음 가운데 역사한다. 쓰레기에 파리가 날아드는 것처럼 말이다. 그렇기에 부패한 마음이 모여 옳다고 여기는 이론이 깨져야 한다. 사람들이 반복적으로 범하는 죄악과 하나님을 대적하고 반성경적으로 행하는 이론들이 변화되어, 성경적이고 하나님을 인정하고 하나님을 알게 하는 이론이 사회의 원리가 되어야 한다.

요즘 나타난 현상 중의 하나는 이념적인 사상이 종교화되는 것이다. 우리가 역사 속에서 받아들였던 이념들이 있다. 시대적으로 좌우의 충돌 속에서 살던 사람들은 나도 모르게 그 이념이 신앙에 녹아있다. 그런데 자신이 느끼기에 절박한 상황이라고 여길 때, 이념은 신앙으로 표출된다. 그리고 그 이념은 신앙이기 때문에 그 틀에서 나오기 어렵다. 또한, 자기 생각을 부정하는 것은 신앙을 버리는 것이기에, 시대적인 변화에 따른 이념적인 변화는 신앙의 오염이라고 여긴다.

이데올로기 시대를 살아온 사람들은 포스트모더니즘 시대를 살면서 세상의 사고방식이 바뀌었다는 것을 인지한다. 자기 시대에 하지 않았던 것이 중요한 가치관이 되고 중요하게 여겼던 가치관이 무시당하는 느낌을 받을 때, 정체성마저 흔들리는 경우도 있다.

그러나 사람들의 생각과 이론과 사상과 철학은 시대를 지나며 변화됨을 인정해야 한다. 무엇이 옳은가는 고정되어 있지 않다는 것도 인정해야 한다. 시대적인 가치에 따라 사회적 옳음이 정해지고 그 옳음에 동의하기도 하지만, 용납할 수 없을 만큼 동의할 수 없는 것도 있다. 이때 필요한 것이 변하지 않는 진리의 기준이다. 하나님의 진리만이 변하지 않는 진리이다. 시대적 변화의 속도는 이미 가속도가 붙어서 매우 빠르다. 사람들이 따라가지 못할 만큼 시대적인 철학은 변하고 있다.

우리가 구별해야 하는 것은 시대적 철학과 신앙이다. 시대적 철학과 믿음의 신앙을 구별하지 못하면, 시대적 철학이 신앙이라는 옷을 입고 이용하는 지도자들을 조종하고, 조종당한 신앙인들은 설 자리를 잃어버리며, 어느 날 자기 정체성의 오류에 빠진다.

시대적인 철학이 신앙으로 나타나는 방법은 기도이다. 그런데 기도가 하나님을 향한 것이어야 함에도 철학적 실현을 위한 수단이 되어버렸다. 이념이나 사상과 사고방식이 실제적인 신앙으로 표출된 것이다. 자신과 동일한 상태에 있는 사람들과 함께하면서 자기 확신에 빠지고, 굴레가 되고, 더는 나올 수 없는 집단 체면에 들어간다. 서로를 위로하면서 정서적인 인격이 영적인 힘과 함께 기도라는 것으로 나타날 때, 기독교는 위험에 빠질 것이다. 복음과 하나님의 본질을 잃어버린 채, 이념과 사상과 철학이 복음의 자리에서 왕 노릇 하면서 복음과 하나님을 종으로 만들 것이다.

이러한 상황에서 빠져나올 방법은 두 가지다. 첫째는 겸손하게 자신을 낮추고 돌이키는 것이고, 둘째는 외부적인 힘으로 무너지는 것이다. 하나님은 이런 상황에서 먼저 사람들에게 기회를 주실 것이다. 스스로 돌이키기를 원하신다. 그러나 하나님의 정하신 때가 있다. 사람은 그것을 알지 못하지만, 하나님의 때에 외부적인 사건으로 결국 무너지게 하실 것이다. 스스로 돌이키면 은혜가 있지만, 강제적으로 무너지면 또 다른 아픔과 고통과 원망이 남게 될 것이다.

하나님 아는 것을 대적하여 높아진 것

"성경책을 차에 두면 사고가 나지 않는다."
"십자가 목걸이를 차에 걸어두면 사고가 나지 않는다."
이는 성경을 미신적으로 사용하는 것이다. 마치 부적처럼 사용하는 것이다. 그리고 사람들이 이런 미신적인 행위를 반복하다 보면, 자기도 모르게 믿음이라는 것이 생겨난다.

제주도에는 이사하는 철이 있다. 이것을 '신구간'이라고 한다. 절기로 대한이 지난 3일부터 입춘이 되기 2일 전 기간인데, 보통 1월 말에서 2월 초 정도가 된다. 이때, 한라산 영실이라는 곳에 제주도의 모든 귀신이 모인다고 한다. 귀신의 대장이 귀신들의 위치를 바꾸는 때라고 한다. 귀신들이 한라산에 올라갈 때, 귀신도 모르게 이사하는 것이다. 그래야 액운이 없고 손이 없다고 믿는다. 제주도의 미신에 근거한 이사 철이다. 이때는 트럭이 없을 정도다. 전세 계약 기간도 신구간에서 신구간으로 정한다. 가장 바쁜 시간이다. 이렇듯 제주도엔 미신과 신화가 많다. 제주도 사람들은 그것을 신뢰한다. 그래서 믿는 사람들도 어쩔 수 없이 그때 이사할 수밖에 없다.

하나님은 우리를 어느 때나 축복하신다. 손 없는 때에 이사해야만 액운이 없는 것이 아니다. 그러나 신구간을 믿던 사람들에겐 두려움이 생겨서 어느덧 이사하는 기간으로 정했다. 어떤 믿음이 있어서가 아니라 이사하는 기간에 이사하는 것뿐이다. 하나님을 향한 신뢰보다 보이지 않는 약속, 사람들의 약속, 미신이 믿음과 이론이 되고 문화가 된 것이다.

복음이 들어오면서 한국에는 미신타파 운동이 일어났고, 많은 미신이 사라졌다. 그런데도 여전히 사람들 마음에 미신이 남아있다. 심지어는 믿는 사람들조차 사주팔자를 보고, 신년 초에 운수를 보기도 하고, 점을 치기도 한다. 물론 재미로 본다고 하지만 그 점괘에 올무가 되어서 자기도 모르게 믿게 된다. 하나님의 말씀이 믿음의 기초가 아니라 미신 행위로 들은 말들이 올무가 되고, 견고한 진이 되는 것이다. 사단은 바로 그런 거짓 메시지 속임으로 올무에 묶이게 한다.

> 너희는 신접한 자와 박수를 믿지 말며 그들을 추종하여 스스로 더럽히지 말라 나는 너희 하나님 여호와이니라 (레 19:31)

> 너희는 무엇이든지 피째 먹지 말며 점을 치지 말며 술법을 행하지 말며 (레 19:26)

사람들은 자기 미래를 궁금해한다. 미래를 알면 무엇인가를 잘할 수 있다고 생각한다. 하지만 막상 결정하려고 하면 반복할 수밖에 없는 것이 사람이다. 또한, 하나님은 하나님을 의지하기보다 다른 신에게 묻는 것을 미워하신다. 하나님이 우리의 주인이길 원하신다.

영적인 우월감

기도하는 사람들의 가장 큰 걸림돌은 우월감이다.

"나는 하나님의 음성을 듣는다."

"나만이 하나님의 기름 부음을 받은 사람이다."

"사람들은 알지도 못하고 보지도 못하고 듣지도 못한다."

"하나님이 나에게만 특별한 계시를 주셨다."

우리는 흔히 이런 말을 듣는다. 하나님이 말씀하신 것을 부정하는 것이 아니다. 하나님의 기름 부으심을 부정하는 것도 아니다. 문제는 자신만이 하나님의 음성을 듣고, 자신만이 하나님의 종이라고 여기며, 성경을 부정하고 지역 교회의 질서를 부정하는 것이다. 하나님은 질서의 하나님이시다. 하나님이 행하시는 것을 보면 권위의 질서를 통해 일하심을 볼 수 있다. 교회의 권위는 하나님이 세우셨기에 하나님이 세우신 제도를 통해 일하는 것이 타당하다. 물론 미성숙하거나 불의한 지도자도 있다. 그러나 하나님은 하시고자 하는 일에 제한받지 않으신다. 순종하는 지도자들을 통해 일하신다.

우상숭배와 기도

우상숭배는 하나님이 아닌 다른 것을 하나님 앞에 두는 것이다. 하나님을 대신하는 것이 우상숭배이다. 또한, 하나님보다 더 사랑하거나 우선순위에 두는 것이다. 더 나아가서는 하나님도 사랑하고 우상도 사랑하는 것이다. 하나님을 대체하는 것이 우상숭배이다. 그러나 하나님은 하나님이어야 한다. 인간의 마음에는 하나님의 자리가 있다. 그 어떤 것으로도 하나님의 자리를 대신할 수 없다. 하나님을 대신하는 그 어떤 것이 바로 우상이다. 우리는 하나님을 아버지라 부르면서 하나님의 자녀로 살고 있는가? 하나님을 왕, 주님 또는 주인이라고 고백하면서 하나님을 나의 왕으로 인정하고 그 권위 아래 백성으로 사는가? 아니면 하나님을 주인이라고 하면서 종으로 사는가?

하나님을 아버지로 부르지 않는 것이 우상숭배이다. 다른 아버지가 있는 것이 우상숭배이다. 다른 왕이 있다는 것은 다른 나라에 사는 다른 나라의 백성이다. 다른 주인이 있다면 다른 존재의 종이 되는 것이다. 그것이 우상숭배이다.

또한, 하나님보다 우선순위가 있는 것이 우상숭배이다. 우리는 하나님을 사랑하기 때문에 예배하고, 하나님을 사랑하기 때문에 섬기며, 기도하며 살아간다. 우리 삶의 모든 첫 번째는 하나님이시다. 하나님이 삶의 최우선 권에 있지 않다면 우상숭배하는 것이다.

내 시간의 최우선 순위는 무엇인가? 재정 사용의 최우선 순위는 무엇인가? 나는 무엇을 위해 그 일을 하는가를 물어보며 기도한다면, 나의 우선순위를 점검할 수 있을 것이다. 삶에서 무엇을 기뻐하고 언제 행복함을 느끼는지 살펴봐야 한다.

요즘 시대의 우상숭배는 하나님을 사랑하면서 내가 원하는 것을 사랑하는 것이다. 하나님을 사랑하면서 돈도 사랑한다. 하나님을 사랑하면서 나의 행복도 사랑한다. 하나님도 사랑하면서 나의 쾌락도 사랑한다. 하나님을 이용해서 돈을 키우고, 행복을 만들고, 쾌락을 극대화하는 것이다. 이는 결국, 내가 우상이 된다. 하나님보다 '나'라는 존재가 더 위에 있다. 하나님은 나를 위해 존재하고, 나를 위해 일하셔야 하고, 나의 모든 필요를 위해 무언가 하셔야 하는 상태가 된다. 이것이 포스트모더니즘 시대의 우상숭배이다. 또한, 인본주의 우상숭배이다.

기근과 사람 사이

> 다윗의 시대에 해를 거듭하여 삼 년 기근이 있으므로 다윗이 여호와 앞에 간구하매 여호와께서 이르시되 이는 사울과 피를 흘린 그의 집으로 말미암음이니 그가 기브온 사람을 죽였음이니라 하시니라 (삼하 21:1)

다윗의 시대에 3년 동안 기근이 있었다. 3년이나 지속한 기근이라면 얼마나 황폐하고 참혹했을지 상상하기 어려울 정도이다. 이때, 다윗은 왕으로서 하나님 앞에 기근이 없어지도록 간구했다.

그런데 하나님은 그 기도를 들으시고 기근을 없애주신 것이 아니라, 기근의 원인에 대해서만 말씀하신다. 다윗이 하나님이 말씀하신 율법에 따라 행할 수 있다고 여기셨기에 원인만 말씀하신 것이다. 그리고 다윗은 기브온 사람들을 불러 그들의 요구를 듣는다. 사실 그들은 이스라엘 사람도 아니고 이스라엘 사람들을 속여서 가나안에 거주하는 권한을 얻은 것이기에, 그들의 요구를 듣지 않아도 괜찮다고 여겼을지도 모른다. 그러나 다윗은 사울 왕의 후손을 내어달라는 그들의 요구에 응하여 내어준다. 그리고 후에 기브온 사람들은 사울 왕의 후손을 나무에 달아 죽인다.

> 사울과 그의 아들 요나단의 뼈와 함께 베냐민 땅 셀라에서 그의 아버지 기스의 묘에 장사하되 모두 왕의 명령을 따라 행하니라 그 후에야 하나님이 그 땅을 위한 기도를 들으시니라 (삼하 21:14)

14절 말씀을 보면 사울 왕의 후손이 죽음으로 그 대가를 치를 때, 그 후에야 하나님이 그 땅을 위한 기도를 들으셨다고 한다. 이는 당시 피를 흘리게 한 사람이 대가를 치르는 것으로, 사람을 죽인 사람이나 그 후손을 죽임으로 대가를 치르는 것이 율법이었다. 그래서 사울 왕의 후손이 죽은 것이다. 그리고 그 피를 흘림으로써 그 땅이 정결케 되었다. 성경은 무고히 흘린 피는 땅을 더럽힌다고 말한다.

> 너희는 너희가 거주하는 땅을 더럽히지 말라 피는 땅을 더럽히나니 피 흘림을 받은 땅은 그 피를 흘리게 한 자의 피가 아니면 속함을 받을 수 없느니라 너희는 너희가 거주하는 땅 곧 내가 거주하는

> 땅을 더럽히지 말라 나 여호와는 이스라엘 자손 중에 있음이니라
>
> (민 35:33-34)

신약 시대에 예수님이 오시고 십자가에 죽으심으로 이 모든 대가를 치르셨다. 이제 더는 피를 흘릴 필요가 없다. 땅에 피로 말미암아 기근이 있고 묶인 것이 있다면, 이제 십자가의 능력으로 정결케 되고 묶여있는 것이 풀어진다.

예수님은 "사람을 미워하면 살인한 것이다."라고 말씀하셨다. 사울 왕처럼 실제로 사람을 죽이지 않았어도, 사람을 미워하는 것은 살인 행위라고 말씀하는 것이다. 그래서 "너희가 이 땅에서 매면 하늘에서 매인다."라고 하신다. 이 땅에서 매는 것은 곧 사람을 미워하고 증오하는 것이다. 사람을 미워하는 것은 살인이고, 그 살인은 사람을 묶는 것이라고 할 수 있다. 그래서 예수님은 사람을 용서하라고 하신다. 용서하는 것은 묶여있는 것을 푸는 것이다. 묶여있는 것을 풀기 위해 피의 대가를 치러야 하는 것이 율법의 요구이다. 그래서 예수님이 율법의 요구 대가를 치르기 위해 십자가에 죽으시고 모든 묶여 있는 것을 푸셨다.

교회가 세워진 곳은 십자가의 능력이 있는 곳이다. 교회로 말미암아 그 땅에 묶여있는 것을 풀도록 하셨다. 즉 교회인 우리가 기도할 때, 그 땅 사람들의 묶여있는 것을 푸는 놀라운 하나님의 역사를 경험하게 하신 것이다. 사람들의 증오와 미움으로 살인

이 일어나고 묶일 때, 교회로 말미암아 풀게 하셨다. 기도는 묶여있는 것을 푸는 것이다.

죄의 결과로 말미암아 기근이 있다. 이 시대는 영적인 기근의 시대이다. 교회는 많지만 교회가 없고, 설교는 많지만, 설교가 없다고 한다. 이 말에 동의하지만, 동의할 수 없는 것도 있다. 누구나 성경을 가질 수 있고 언제든 읽을 수 있는 시대이지만, 말씀이 없는 기근의 시대라고도 한다. 성경의 내용을 몰라서가 아니라 성경을 삶의 양식으로 삼지 않아서 생기는 일이다.

이 시대를 위해 말씀의 기근이 사라지도록 기도해야 한다. 성경책을 보급하는 것도 중요하고 성경을 번역하는 것도 중요하지만, 성경을 하나님의 말씀으로 인정하고, 성경의 원리대로 살겠다는 각오가 중요하다. 나에게 유익하고, 귀에 듣기 좋고, 감미로운 말씀만 받아들이는 것이 아니라 나의 삶을 깨뜨리고 말씀 앞에 순종하며 쳐서 복종할 준비가 되어있는가이다.

우리가 죄와 사람 사이에서 기도할 때 사람들이 겪는 문제와 고통을 없애 달라고 기도하는 것은 다윗과 같다. 하나님은 우리에게 삶에서 말씀의 원리를 행하라고 하신다. 성경의 원리가 영적인 원리만이 아니라 실제적인 삶의 원리가 될 때, 우리 삶의 기근이 사라지게 되리라 믿는다.

기근이 있는 사람이 있다면 기근의 원인이 어디에 있는지 하나님께 질문해야 한다. 하나님은 기근을 풍요로움으로 바꾸시는 분이지만, 우리 스스로 깨닫고, 돌이키고, 고치고, 하나님의 말씀을 행하는 것을 통해 기근이 사라질 수 있다는 것을 알기 원하신다.

  지극히 영적인 것은 지극히 실제적이다.

4부 이렇게 기도하라

기도는 은사인가?

은사라고 믿으면 은사가 된다

하나님이 우리를 기도하는 사람으로 부르셨다고 믿는다면, 그 믿음대로 된다. 기도하는 것이 즐겁고 행복하다면 계속 기도하라. 하나님은 즐거워하는 것을 제한하지 않으신다. 기도하면서 하나님과 동행하는 삶이 즐겁다면, 하나님도 기꺼이 동행하시리라 믿는다. 억지로 기도하지 않고 기도하면서 마음을 드리고 하나님의 마음 알기를 원한다면, 하나님은 그 사람을 기뻐하신다. 하나님은 그와 같은 사람을 찾으신다.

기도는 특별한 사람에게만 주어진 특권이 아니다. 하나님은 누구나 기도하도록 부르시기 때문이다. 기도하는 것에 자기 자신을 드리기 원한다면, 하나님은 기꺼이 그런 사람을 사용하신다. 준비되어 있지 않다면 우리로 준비하도록 도우시고, 쓰실 만한 그릇으로 만들어서라도 사용하신다.

하나님은 금 그릇이나 은그릇이 필요하신 게 아니다. 하나님

손에 드려진 깨끗한 그릇이다. 누구에게나 열려 있는 넓은 문이지만, 실제로 들어가는 사람은 적은 좁은 문이기도 하다. 그래서 기도는 쉽지만 어렵다. 단순하지만 복잡하다. 입으로 하지만 귀로도 해야 한다. 말하는 것이지만 삶이기도 하다. 누구나 하지만 특별한 사람이 한다. 어떤 사람에게는 길이 없지만 어떤 사람에게는 길이 보인다. 어떤 사람은 만들어진 길을 가지만 어떤 사람은 길을 만든다.

하나님의 관점을 가져라

기도할 때 균형적인 시각을 갖는 것은 기도의 터를 만드는 것이다. 터가 무너지면 아무리 훌륭한 건물이 세워져도 균열이 가고 결국은 무너질 수밖에 없다. 아무리 기도를 많이 하고 열정을 쏟아부어도, 그 터가 무너지면 헛된 기도로 끝나버릴 것이다.

세상을 보는 시각, 곧 관점은 기도를 통해 하나님의 뜻을 성취하는 것으로 충분하다. 기도가 나의 뜻이 아닌 하나님의 뜻이 이루어지도록 하는 것은 이미 알고 있을 것이다. 그런데 하나님의 뜻을 아는 것은 매우 주관적일 수 있다. 그러나 객관적이라고 해도 하나님의 관점이어야 한다.

우리는 기도할 때 균형 있는 관점을 가지려는 노력이 필요하다. 완전하지 않지만 온전한 상태로 건강한 기도를 하는 것이 성숙한 교회, 그리스도인의 기도 생활이다. 그리고 건강한 기도는 올바른 관점에서 나온다. 주관적이고 미성숙한 기도 생활에서 균형 있는 시각의 관점과 기도는 성장해간다.

우리는 사실과 진리를 구별해야 한다. 사실은 분명히 존재한다. 그러나 우리가 믿는 것은 사실이 아니라 진리이다. 예를 들어보자. 가나안 땅을 탐지하러 간 열두 명의 정탐꾼은 그곳에서 젖과 꿀이 흐르는 것을 확인했다. 아낙 자손이 사는 것도 확인했다. 그리고 사람들에게 사실을 전달했을 때, 이스라엘 백성은 사실에 근거하여 두려움과 원망이 일어나고, 하나님과 모세를 대적하는 결과를 가져왔다. 사람들은 사실에 근거하여 반응한다. 사실을 믿기 때문에 하나님을 대적하는 결과로 이어진 것이다.

한편, 여호수아와 갈렙도 열두 명의 정탐꾼에 포함되어 가나안 땅을 탐지하고 왔다. 그곳에서 같은 것을 보았다. 젖과 꿀이 흐르는 땅인 것을 확인했을 뿐만 아니라 아낙 자손이 사는 것도 확인했다. 그러나 그들이 전달한 것은 사실과 하나님의 의도다. 하나님이 하시고자 하는 것을 전달하며 그 땅은 "우리의 밥이다"라고 말한다.

이처럼 같은 사실을 보면서도 흔들리지 않고 진리를 말하는 것이 그리스도인이어야 한다. 열 명의 정탐꾼은 아낙 자손에 대해 "우리가 보기에도 메뚜기와 같다. 그들도 그렇게 볼 것이다"라고 했다. 열 명의 정탐꾼이 한 평가가 과연 잘못된 것인지 생각해보면, 그렇지 않다. 지극히 정상적이다. 사실적 근거로 평가할 때, 메뚜기와 같은 것이 정상적인 의견이다.

우리는 이 이야기를 통해, 세상에 이슈가 있을 때 가져야 할 관점을 찾아볼 수 있다. 사람들은 얼마든지 사실에 근거하여 메뚜기와 같다고 말할 수 있다. 그런데 메뚜기의 관점을 가진 사람은 메뚜기를 자기 정체성으로 여기면서 메뚜기가 바라본 세상을 본다. 열 명의 정탐꾼 눈에 비친 아낙 자손은 자기 자신을 메뚜기로 보게 만든 계시이다.

메뚜기 관점으로 기도하면, 하나님을 원망하는 기도를 할 것이다. "왜 우리를 애굽에서 끌어내서 고생 하게 하고 다 죽게 만들려는 것이냐"라고 하면서, 하나님을 향한 의심과 원망과 대적이 있을 수밖에 없다.

또한, 메뚜기 관점으로 기도하면 모세를 미워하게 될 것이다. 자기들의 지도자를 증오하면서 하나님의 인도하심을 잘못 전달하고, 잘못 인도한 모세를 없애버리고, 새로운 지도자를 세워 애굽으로 돌아가려는 반역도 있었을 것이다.

보이는 사실을 어떤 기준으로 보느냐에 따라 결론도 달라진다. 통계만으로 분석하고 해석하면, 종종 오류에 빠지기도 한다. 대부분의 통계와 자료들은 각각의 조사 기준이나 상황 설정이 있었기 때문이다. 그런데 그런 기준과 상황을 배제한 채 해석하면, 완전히 다른 이해와 결론에 이르게 된다.

메뚜기 관점의 기도는 하나님을 오해하고, 모세를 반역하고, 사람들을 충동시켜서 하나님을 대적하는 상황으로 몰고 간다. 아낙 자손과 같은 상태이다. 그러나 여호수아와 갈렙의 관점은

"그들은 우리의 밥이다"이다. 사실 자체를 보면 아낙 자손을 이길 수 있는 사람은 없다. 그러나 여호수아와 갈렙은 하나님이 능히 이기실 것을 알고 있었다. 아낙 자손은 하나님 앞에서 아무것도 아니었다.

여호수아와 갈렙은 하나님의 말씀을 신뢰했다. 하나님의 의도가 이들의 관점이었다. 하나님이 하시고자 하는 것이 그 믿음의 근거였다. 사실을 근거하지 않고 진리에 근거하여 믿음으로 반응한 사람들이다.

마찬가지로 하나님의 관점을 가지고 하는 기도를 배워야 한다. 누가 배울 수 있겠는가? 바로 진리로 기도하기를 갈망하는 사람들이다. 진리로 기도하기를 구하고 진리가 기도의 모든 영역 가운데 있기를 원하는 사람들이다.

우리가 하나님의 관점을 갖는다는 것은 매우 모호하면서도 주관적일 수 있다. 그러나 하나님의 관점을 가지려는 시도 자체는 매우 중요하고 가치 있는 일이다. 우리가 기도할 때, 하나님의 의도를 이해하려는 노력이 있을 때, 하나님의 마음에 좀 더 가까이 접근할 수 있게 될 것이다.

또 다른 예를 들어보자. 예수님이 십자가에 죽으셨다. 이것은 사실이다. 소위 말하는 팩트다. 그런데 외적 사실만 보면 완전히 다른 이야기로 전개될 수 있다. 예수님이 십자가에 죽으신 사실은 외적 사실이다. 사람들은 외적 사실로만 그 사실 전체를 이해하려고 한다. 그러나 정말 보아야 할 것은 내적 사실이다.

예수님이 십자가에 죽으신 것의 내적 사실은 하나님이 세상을 사랑하셔서 멸망치 않고 영생을 얻게 하려는 것이다. 십자가에 죽으신 것만으로는 믿음이 생기지 않는다. 하나님이 세상을 사랑하신다는 것과 멸망치 않게 하려는 것이 내적 사실이고, 영생을 얻게 하는 것은 더 중요한 내적 사실이다.

외적 사실로만 말하면 얼마든지 논쟁이 될 수 있고 왜곡된 거짓 메시지로 전달할 수 있다. 그렇기에 예수님이 십자가에 죽은 사실만 가지고는 복음이 될 수 없다. 하나님이 세상을 구원하시려는 의도가 있어야 한다.

우리는 외적 사실만 가지고 기도할 수 없다. 잘 수집된 외적 사실을 기반으로 다루어야 할 것은 내적 사실이다. 이때 우리가 가져야 할 질문은 '왜'이다.

"왜 이런 일이 일어났을까?"

"사람들은 왜 이렇게 할 수밖에 없었을까?"

"하나님은 이 모든 외적 사실을 통해 무엇을 원하실까?

감춰져 있는 죄를 드러내시고, 죄와 죄인을 분리하시고, 죄를 처리하면서 죄인을 의인으로 바꾸시는 과정이 어떠한지를 알기 원하신다.

우리가 기도한다는 것은 외적인 사실이 바뀌는 것이 아니다. 내적인 사실이 바뀌는 것도 아니다. 드러난 외적 사실과 내적 사실이 잘 보여서 새로운 외적 사실이 만들어지게 하는 것이다. 그것이 만들어질 때, 온전한 내적 사실에서 비롯되게 한다. 올바른 동기와 태도로부터 시작된 건전한 행위가 새로운 현실을 만들어서, 사람들에게 좋은 열매를 맺게 하는 것이다.

진리의 기도는 하나님의 의도와 사람의 의도가 함께 가야 한다. 하나님의 의도가 사람의 의도가 되어서 사람들이 하나님의 의도에 순복하고 하나님의 방법으로 실행할 때, 비로소 진리의 기도 열매가 맺어지게 될 것이다.

무엇을 위해서가 아니라 무엇에 대해서

기도는 무엇을 위해서가 무엇을 하느냐이다. "무엇을 위해서"라고 할 때는 기도의 제목이나 문제아래 있게 한다. 문제 아래에서 기도한다면 문제를 해결하려는 것에 종노릇 하는 것이다. 기도는 문제가 원하는 대로 하는 것이 아니다.

  기도할 때 "무엇을" 기도하느냐는 "무엇에 대해서" 기도하느냐의 의미일 것이다. 우리가 기도하는 것은 어떤 문제에 관하여 하나님과 논의하는 것이다. 하나님의 마음을 이해하고, 하나님의 의도를 들으면서 문제에 대해 하나님과 함께 변론하는 시간이다. 심지어는 우리의 죄와 문제를 놓고 정당성을 말하며 변론할지도 모른다. 기도는 그러한 객관성이 필요하다. 주관적인 관점에서 객관적인 관점을 얻어가는 과정이다. 기도를 통해 '나' 중심적인 생각에서 '하나님' 중심의 생각으로 바뀌는 것이다. 나의 정당성을 피력하는 것에서 하나님의 정당성을 받아들이는 과정이다.

단기적인 기도의 목표를 설정하라

어떻게 기도할지에 대한 답 중의 하나는, 기도할 때 단기적인 목표를 세우는 것이다. 큰 기도 제목이 있다면 먼저 단기적인 기도 제목을 가지고 나누는 것을 제안한다. 막연한 기도 제목을 갖기보다, 단기적이고 구체적인 기도의 목표를 설정하는 것이 좋다.

단기적인 기도 목표를 설정하면, 보다 확신을 가질 수 있는 끝이 보인다. 또한, 기도하면서 하나님의 마음을 좀 더 아는 기회가 생길 것이다. 단기적인 기도 목표를 가지고 기도하면서 오늘 내가 기도할 수 있는 제목을 만들고 실천하고 하나님의 뜻을 살필 때, 구체적이고도 연속성 있는 하나님의 계획을 보게 될 것이다.

지금 기도하라

"나중에 시간이 나면 기도하겠다."

"급한 일을 마무리하고 기도하는 시간을 갖겠다."

"지금은 마음에 여유가 없어서 기도할 수 없다. 상황이 좋아지면 그때 기도하겠다."

"지금은 숨도 쉴 수 없이 바쁘니까 일단 급한 일을 처리하고 기도하겠다."

그러나 지금 기도하지 않으면 더 바쁘게 될 것이고, 더 어려운 상황에서 기도가 시작될 것이다. 지금 기도하는 것이 가장 여유롭고 빨리 기도하는 것이라는 것을 잊지 말아야 한다.

게으름은 죄이다. 중요한 것을 우선순위에서 빼고, 내가 좋아하는 것을 먼저 하는 것은 하나님 앞에 우선권을 정하는 것의 중요성을 이해하지 못하는 삶이다. '나중에'라는 생각은 게으름에 이르게 하는 문이다. 지금 나를 쳐서 게으름과 싸워야 한다. 게으름은 결국 영적인 황폐함으로 이어지게 한다. 해야 할 것을 하는 것이 아니라 원하는 것을 하는 것이 삶의 습관으로 자리 잡으면, 원하는 것을 추구하는 자기 메시지에 빠진다. 하나님 앞에 기도하는 내용도 결국 내가 원하는 것이 되고, 하나님 앞에서 해야 할 것을 놓치는 실수에 빠진다.

삶의 개선은 게으름과의 싸움에서 온다. 지금 기도하라. 하나님은 오늘의 하나님이시고 지금의 하나님이시다. 지금 돌이키는 것이 지혜로운 사람의 기도이다.

비교하지 말라

다른 사람과 비교하는 것은 자기를 위험에 빠뜨린다. 비교하는 것은 스스로를 평가하게 만든다. 비교해서 내가 낫다고 생각하면 우쭐해질지 모르지만, 상대보다 열등하다고 생각하면 한없이 작아지고 무너진다. 그렇기에 기도는 나의 가치를 하나님의 가치로 만드는 과정이다.

기도하면서 자기 자신과도 비교하지 않는 것이 좋다. 이전의 나와 현재의 나는 다르다. 이전의 상황 가운데 있던 나와, 현재 상황에 나는 완전히 다르다. 하나님이 지금 나에게 요구하시는 삶을 살기로 하고, 지금 기도하라고 하는 것을 기도하기로 하는 것이다.

다른 사람이 갔던 길을 내가 똑같이 갈 순 없다. 다른 사람의 길과 나의 길은 다르기 때문이다. 나는 나의 길을 가야 한다. 비교하는 순간, 자기를 위험에 빠뜨린다는 것을 기억하며 그때마다 기도하고 나를 향한 하나님의 가치를 만들어라. 나의 가치는 하나님으로부터 주어지는 것이고, 하나님과 함께 만들어가는 것이다. 나의 가치를 만드는 것은 나만을 향한 하나님의 계획과 그 계획을 수행하는 기도 가운데 이루어진다.

다른 사람의 성공은 나의 성공이 아니다. 다른 사람의 실패도 나의 실패가 아니다. 중요한 것은 타인과 나를 비교하는 것이 아니라, 그가 주는 교훈을 통해 하나님의 말씀을 듣는 것이다. 다른 사람의 성공이 나의 고통이 아니고, 다른 사람의 고통이 나의 기쁨도 아니다. 다른 사람이 성공했다고 나도 성공하지는 않는다. 다른 사람들이 실패했다고 나도 실패하지는 않는다. 왜냐하면 다른 사람과 나는 다르기 때문이다. 기도는 사람들의 삶을 통해 하나님의 메시지를 아는 통로이다.

그러므로 비교하지 말고 다른 사람을 위해 기도하라. 성공과 실패를 위한 기도가 아니라, 하나님이 그 사람의 삶에 개입하셔서 하나님의 일이 이루어지기 위한 기도이다. 그 사람을 위해 기도할 때, 비교하는 죄에서 자유로워질 뿐만 아니라 그 사람을 축복하며 함께 하나님의 뜻을 이루어가게 될 것이다.

작은 범죄를 다루어라

기도하면서 깨달은 작은 범죄를 메모하는 연습이 필요하다. 기도는 죄를 깨닫게 한다. 기도하려고 눈을 감는 순간, 작은 실수들이 떠오른다. 그때, 자기 실수를 즉각 메모하고 최우선으로 해야 할 일을 실행할 것으로 삼아야 한다. 그리고 기도를 마친 후에는 잊지 말고 실행으로 옮겨야 한다.

기도는 삶의 개선을 가져올 것이다. 삶의 변화는 갑자기 일어나지 않는다. 커다란 변화가 일어나기 전에 작은 변화를 시도하는 것이 좋다. 그러기 위해 삶에 작은 습관들을 다루어야 한다.

이것이 삶을 자기 통제 아래 두는 연습이다. 기도는 삶을 통제하는 힘을 갖게 할 것이다. 하나님이 나의 주인이시며 나의 왕이심을 입술로 고백한다면, 실제 행동에서도 나의 주인이 되셔야 한다. 삶을 나의 통제 아래 두면서 하나님의 권위 아래 순복하는 삶을 사는 것이다. 작은 범죄를 다루는 것이 장차 우리 삶에 큰 변화를 가져올 것이라 기대한다.

남을 탓하지 말라

기도하기 전에 자신을 돌아보는 것은 중요한 시작이다. 우리 삶에 현재를 만든 것은 나 자신이다. 나의 선택으로 현재 상황과 문제가 형성된 것이다. 그러므로 자신을 좀 더 객관적으로 보려는 시도가 필요하다. 그렇다고 자신을 정죄하거나 비난하라는 것이 아니다. 나를 사랑하면서 나를 잘 돌보기 위해 성찰하는 시간을 갖는 것이다.

"너 때문이야"가 아니다. 살다 보면 반복적으로 일어나는 일을 발견할 것이다. 나의 의지와 상관없이 똑같은 일이 반복될 때, 문제의 근원이 나에게 있는 것은 아닌지 살펴보아야 한다.

상대방의 행동에 반응하는 태도나 말이 상대방에게 또 다른 행동을 하게 하는 동기가 된다는 사실이다. 나는 다른 사람의 동기부여가 된다. 나의 존재 자체가 다른 사람에게 영향력 준다. 존재만이 아니라 나의 말과 행동과 태도와 감정이 주변에 영향을 주면서 산다는 것이다.

우리는 기도할 때, 먼저 나를 더 사랑할 줄 알아야 한다. 나를 존귀하게 여기는 것처럼, 다른 사람을 존중하고 존귀하게 여기기 때문이다. 나를 사랑하면서 다른 사람을 사랑할 준비를 하는 것이다. 기도한다는 것은 하나님이 나를 보시는 눈으로 나를 보기로 하는 것이다. 나에 대한 평가를 하나님의 가치에 두고, 하나님이 말씀하시는 가치에 동의하는 것이다.

그러나 자기 가치에 갇혀서 다른 사람을 무시한다면 진정으로 자기를 사랑하는지 돌아보아야 한다. 나는 기도하면서 남을 탓하고, 다른 사람을 미워하고, 하나님이 그 사람을 옮겨주시도록 기도하는 것을 본 적이 있다. 물론 하나님은 나의 하나님이시다. 내 편에 서서 도우시는 분임은 틀림없다. 그러나 나를 사랑하시는 만큼, 다른 사람도 사랑하신다는 것을 인식해야 한다. 우리는 다른 사람을 변화시킬 수 없지만, 나 자신은 변화시킬 수 있다.

사람들이 나에게 어떤 불공평한 대우를 하더라도 그 가운데 하나님의 공의를 구하고 불의한 것에 하나님의 정의가 세워지도록 바꿀 수 있는 사람은 나 자신임을 명심해야 한다.

우리는 이제 세상의 불공평과 불의에 대해 원망하는 것을 멈춰야 한다. 세상에 불공평과 불의가 있다고 인식한다면, 내 삶의 불공평과 불의로 사람들에게 칼을 휘두르고 있지는 않은지 돌아보아야 한다. 다른 사람들이 행하는 불공평과 불의는 하나님이 다루실 영역이다. 내가 하나님이 되어 사람을 변화시킬 수 없음을 인정해야 한다. 하나님이 그에게 행하시도록 맡겨드리고, 신뢰하며 오히려 그 사람을 사랑하기로 하고 인내해야 한다. 내가 변화되는 것은 최대의 무기이고 가장 강력한 영향력이다. 만약 인내하기 어렵고 더는 용납하기 지쳤다면, 주님께 나의 마음을 기도하고, 관계에 거리를 두는 것도 하나의 지혜이다. 그러나 그 사람을 저주하거나 악한 말을 쏟아놓지는 말아야 한다.

하나님이 우리에게 명령하신 것은 "네 이웃을 네 몸과 같이 사랑하라"이다. 우리는 그것을 행할 책임만 있고, 그 사람을 미워할 권한은 없다.

사람을 구별하도록 기도하라

나에게 잘해주는 사람은 좋은 사람이고, 부담을 주는 사람은 나쁜 사람으로 여긴다. 나에게 좋을 말을 하는 사람은 좋은 사람이고, 직언하는 사람은 나쁜 사람이다. 나를 인정해주는 사람은 좋은 사람이고, 인정해주지 않고 제외하는 사람은 나쁜 사람으로 본다.

그러나 우리는 기도하며 눈을 떠야 한다. 특히 사람을 보는 눈이 열려야 한다. 나에게 잘해주고 좋은 말만 하고 인정해주는 사람이 좋은 것인지 생각해봐야 한다.

주변에 어떤 사람을 두느냐는 우리의 선택이다. 내 시간을 내어주고 한자리에서 나누는 것은 지극히 나의 선택이다. 내 삶의 주변에 어떤 사람을 배치할 것인가는 내 선택에 달려있다. 일시적으로는 내가 원하지 않는 사람과 함께 있어야 할지도 모른다. 그러나 시간이 지나면서 점차 나와 같은 생각, 같은 마음을 가진 사람과 시간을 보내고, 만나며, 대화하게 된다. 함께 어떤 일을 해야 하는 상황에서도 관계는 결국, 내 선택에 의해 형성된다. 내가 허용한 관계가 나를 만든다는 사실을 알아야 한다.

그렇다면 우리는 기도하며 주변 사람을 위해 기도할 필요가 있다. 주변 사람을 올바로 보는 것이 선행되어야 한다. 주관적으로 판단하기 전에 먼저 올바른 생각을 하는 사람, 정서적인 안정감을 가진 사람, 배려와 여유를 가진 사람 등 기준을 만들어야 한다. 그리고 관계를 열어야 할 사람과 관계의 거리를 가져야 할 사람을 나눠야 한다. 관계는 늘 상대적이다. 나의 반응과 태도는 상대를 오게 하기도 하고 떠나게 하기도 한다.

예전에 아이들이 동네에서 놀 때, 늘 '깍두기'가 있었다. 부족하고 잘하지 못하는 친구, 동생을 늘 조건 없이 끼워주는 놀이문화다. 배려와 용납이라는 것이 아이들 문화에 존재했다. 그런데 언제부턴가 '왕따'가 생겼다. 친구들 놀이 관계에 들어오지 못하게 하고, 집단으로 따돌려서 말을 듣게 만들고, 조종하는 문화가 일반화되었다.

깍두기와 왕따는 어른들의 문화에도 존재한다. 아니, 개인의 삶에도 어떤 기준을 가지고 이어진다. 이것을 긍정적인 측면으로 보면, 무조건적인 용납이나 배제에 대한 건강한 기준을 가져야 한다는 것이다.

깍두기와 왕따는 내 삶에 있어야 한다. 나를 악으로 이끌고 유흥과 쾌락과 폭력과 타락으로 이끄는 사람을 경계해야 한다.

그런 사람이 내 삶의 중심을 차지하지 못하게 할 책임이 나에게 있다는 것이다. 내 마음에도 그러한 죄의 요소가 자리 잡고 있어서 이끌림을 당하는 것은 아닌지 살펴보아야 한다.

죄로 이끄는 사람들을 위해 기도하면서 적절한 거리를 가져야 한다. 그러나 용납이 필요한 사람에게는 관용과 배려가 있어야 한다. 주변 사람들을 위해 기도하면서 선택적인 관계를 해야 한다는 것이다. 모든 사람과 화목하지만, 모든 사람과 친밀할 수는 없다. 나의 마음을 열어줄 사람은 내가 선택하는 것이다. 그러나 어떤 사람의 죄를 지적하고 도와주려면 하나님의 때를 살피고 직면해야 할 시간을 알아야 한다.

우리는 주변 관계를 통해 내면이 자라나고 성숙함을 통해 주변 사람들을 성숙하게 만든다는 것을 기억하며, 주변 사람을 위해 기도해야 한다.

하나님의 시간을 보라

우리는 조급하다. 기도하면 즉시 무언가 응답이 오기를 기대한다. 그러나 기도한다는 것은 하나님의 시간에 들어가는 것이다. 우리가 하나님의 시간을 만드는 것이 아니다. 하나님의 시간에 우리를 부르신 것이다. 그래서 기도는 하나님의 시간 한 부분에 합류하는 물줄기와 같다. 지금 하는 기도는 작은 물줄기 같지만, 기도와 기도가 이어지면서 큰 물줄기가 될 것이다.

우리가 하나님의 시간을 완벽하게 이해할 수는 없지만, 하나님의 흐름을 보아야 한다. 하나님의 방향을 따라가며 하나님이 인도하시는 역사 속에서 살아가기 때문이다. 시간이 지나면 하나님이 왜 그렇게 하셨는지를 이해하지만, 지금은 이해할 수 없다는 것을 인정하고 하나님을 신뢰해야 한다.

하나님의 시간은 우리의 선택과 기도를 통해 점차 다가온다. 하나님의 시간에 접근하는 것이 기도라면, 하나님의 구원 역사는 우리에게 점점 다가온다. 그 역사는 개인의 삶이든 사회에서든, 국가에서든 보게 될 것이다.

나의 시간을 한군데 모아놓고 기도한다고 여겨라. 과거와 현재와 미래를 한자리에 모아서 하나님의 시간, 하나님의 뜻이라는 장소에 나를 옮겨놓고 주님이 왕으로 다스리게 하는 시간으로 만드는 것이다.

자신을 위해 기도하라

성경은 우리가 기도할 때, 자신만을 위해 기도하기보다 하나님 나라와 의를 위해 기도해야 한다고 말한다. 그런데 하나님의 나라와 의를 위해 기도하려면 우선 거쳐야 하는 과정이 있다.

첫째, 나를 위해 기도해야 한다. 나만을 위해 기도하는 것은 경계해야 하지만, 나를 위해 기도하는 것은 하나님이 기뻐하시는 기도이다. 나의 고통과 아픔을 다루는 것은 좋은 기도이다. 기도를 통해 자신을 돌아보고, 돌보고, 성찰하면서 더욱 더 나은 존재로 다듬어가는 기회가 되기 때문이다.

우리는 무엇을 행하거나 주어지는 것에 대해 기도하지만, 실제로는 내가 어떤 존재가 되어가는 과정에 있다. 무엇을 행하거나 무엇이 주어진 것을 통해, 정체성이 확립되기 때문이다. 이렇게 만들어진 나의 정체성은 또 다른 행동을 하게 하고, 또 다른 무엇을 받으려고 시도한다. 내가 어떤 존재로 만들어 가느냐는 기도의 주체인 나를 새롭게 만들어가는 과정이다.

둘째, 나를 위해 기도할 때 내가 무엇을 원하는지 알도록 기도하라. 그리고 왜 그것을 원하는지도 알아야 한다. 구하는 것을 보면 내가 어떻게 성숙해 가는지 보게 될 것이다. 그리고 그것은 또 다른 행위의 동기가 된다.

셋째, 나를 위해 기도하는 것을 하찮게 여기지 말라. 내가 구하는 수준이 내 기도의 수준이 되어서 다른 사람을 위해 기도하는 능력이 될 것이다. 내가 무가치한 기도를 하면서 어떻게 가치 있는 것을 구하는 기도를 할 수 있을 것인가?

넷째, 나의 감정을 위해 기도하라. 감정이 다루어지도록 성령님께 드리는 기도를 해야 한다. 하나님께 내가 움직이는 모든 과정을 의뢰하는 것이 필요하다. 감정뿐만 아니라, 생각과 사고방식을 위해서도 기도해야 한다. 삶의 방식을 구성하고 태도를 만드는 감정과 생각은 나를 갖추는 중요한 요소가 된다.

다섯째, 나의 주변 환경을 위해 기도하라. 관계하는 사람들이 어떤 사람인지 살펴보면, 내가 주변 사람들로 인해 어쩔 수 없는 선택을 하면서 산다는 것을 발견하게 될 것이다. 주변 상황을 바꿀 수 없다면 단기적으로라도 여행을 가라. 주변 환경을 새롭게 할 수 있는 기회가 될 것이다. 필요하다면 지역이나 나라를 옮겨 생활하는 것을 시도하기를 권하고 싶다. 하나님이 아브라함에게 본토 친척 아비 집을 떠나라고 하신 것에는 중요한 의미가 있다. 내가 의지하는 환경과 사람들부터 격리시키고, 하나님이 이끄시는 것을 경험하는 것은 삶을 새롭게 할 수 있는 계기가 될 것이다.

여섯째, 자신의 영적인 출입구를 위해 기도하라. 내 삶에 영적인 통로가 있는지 살펴보고, 영적인 영향을 주는 사람들이 있는지 보라. 멘토와 같은 사람이 있어서 언제든지 상담받을 수 있는지 살펴보고, 나에게 영적 영향을 주는 사람들을 만들어야 한다. 그뿐만 아니라 내가 사랑하고 섬길 대상이 있어야 한다. 나의 마음을 쏟아부으며 사랑을 줄 수 있는 사람이 있어야 한다. 예수님께도 마음을 나누고, 틈나는 대로 가르치고, 삶을 공유하는 제자들이 있었다.

일곱째, 나를 위해 기도할 때 중심에 서도록 기도해야 한다. 집중하기도 하고 한발 물러서서 관망하는 것은 우리의 정서적이고 영적인 상태를 건강하게 유지하는 데 많은 도움을 준다. 한쪽으로 치우치면 삶의 방향을 잃어버리고 몰입되어서 나를 보지 못하게 하는 사각지대가 되어버린다.

여덟째, 나를 위해 기도할 때 사각지대를 다루어야 한다. 주변 사람들이 인지하고 말해주거나, 말해주려고 해도 내가 들으려고 하지 않으면 들리지 않고 볼 수 없는 상태가 된다. 내 삶에 사각지대를 만든 것은 자기 자신임을 알아야 한다. 사각지대에서 빠져나오는 것은 나를 위해 기도할 때 중요한 부분이 될 것이다.

아홉째, 삶의 터를 위해 기도하라. 삶의 중심이 되는 공동체는 나의 터다. 내가 활동하는 영역이 병들고 악이 일반화되어 있다면 그런 환경에서 버티려고 애를 쓸 수밖에 없다. 내가 사는 공동체를 위해 기도해야 한다.

나의 직장이나 가정, 교회 심지어 사는 동네가 나에게 실제적인 영향을 준다는 것을 인식하고 기도해야 한다. 내가 건강하면 그만이라는 생각은 단기적으로는 문제가 없다. 그러나 장기적으로 보면, 나도 모르게 동일시되고 동화되어 갈 수밖에 없다. 그렇기에 나를 보호하려면 떠나야 하기도 하고, 반대로 나로 인해 주변이 변할 수 있는 것을 확신해야 한다. 한사람이 변화되면 주변도 바뀌는 것이 원리이다.

두려움을 활용하라

우리는 삶의 문제보다 그 문제에 대해 기도하지 않는 문제가 더 크다는 사실을 인지하지 못한다. 기도 없이 살아온 삶이기에, 기도의 필요성보다 문제를 직접적으로 해결하는 것이 훨씬 익숙하기 때문이다. 우리가 기도의 삶을 살기로 하면서 느껴야 하는 것은 문제에 대한 두려움이 아니라 기도하지 않는 두려움이다. 심지어 기도하지 않고도 이루어지는 일에 대해 두려움을 느껴야 한다. 기도 없이도 일이 순탄하게 된다는 것은 하나님의 인도하심 한 가운데서 나의 선택이 하나님이 원하시는 것을 선택하는 것일 수 있다. 그러나 내가 하나님을 의뢰하지 않으면서도 올바른 선택을 한다면, 자기 선택에 대한 두려움을 가져야 한다.

두려움은 의심을 만들고, 의심은 하나님을 대적한다. 두려움의 단계가 지나면 의심이 뿌리를 내린다. 두려움을 다루지 않으면 의심이 뿌리를 내리면서 지금까지 믿던 것이 의심으로 다가오고, 그것이 하나님을 대적하는 결과에 이르게 할 것이다.

내가 가진 두려움을 내버려 두지 말고 그것을 활용하여 하나님 앞에 나아가게 하는 장작으로 사용해야 한다. 하나님의 불이 나의 마음에 타오를 때, 모든 두려움은 사라질 것이다. 그리고 두려움이 사라지면 오히려 더욱 견고한 믿음이라는 보물을 얻게 된다.

우리는 상처 때문에 두려움이 생겼다고 하지만, 사실은 두려움 때문에 상처받는다. 내 삶에 두려움이 하나님께 향하게 하는 훈련이 되어 있지 않으면, 여전히 상처받지 않으려고 도망 다닐 수밖에 없는 나를 발견할 것이다. 상처받고 기도하고, 기도하면서도 나의 근본적인 뿌리를 보지 못한 채 기도의 자리를 떠나버린다.

두려움은 오히려 담대함이 될 수 있다. 누구를 두려워하는가에 따라 담대함으로 나타날 것이다.

두려움을 넘어서는 간절함으로 기도하라

기도하지 않는 것보다 시행착오를 겪더라도 기도해야 한다. 기도하지 않는 이유는 깊은 교만이 자리 잡고 있기 때문이다. 내가 무엇인가를 할 수 있다고 생각하거나, 완벽하게 준비한 다음에 하려고 기도하지 않기 때문일 것이다. 그러나 우리가 기도하는 것은 지금 이해한 만큼 시도하는 것이다. 기도하면서 우리는 넘어질 것이다. 아니, 기도하면 할수록 넘어지게 될지도 모른다. 더욱 실패감을 맛볼 수도 있다. 그러나 그것 자체가 하나님의 응답이고 기도의 결과이다. 기도하지 않으면 그 실패감마저 경험할 수 없다.

기도하지 않는 것은 내가 다른 무언가를 할 수 있다고 생각하기 때문이다. 그러나 기도할 때 하나님께로부터 답을 얻고, 시행착오를 겪으며 기도의 길에 서 있게 된다.

우리는 기도하면서 내가 정말로 원하는 것이 무엇인지 발견할 것이다. 기도하지 않으면 내가 진정으로 원하는 것이 무엇인지 알지 못한 채, 하나님의 뜻이라고 주장하며 참된 하나님의 뜻이 나의 삶에 이루어지는 것을 방해할 뿐이다.

하나님이 원하는 것이 내가 원하는 것이 되어야 한다. 기도는 내가 도달해야 할 종착점을 발견하게 할 것이다. 기도는 하나님이 원하시는 것을 아는 것이지만, 내가 정말로 원하는 것을 알게 하는 길이기도 하다. 우리가 기도해야 할 이유가 여기에 있다.

기도는 간절해야 한다. 간절하다는 것은 우리가 쥐고 있는 모든 것을 내려놓을 준비가 되어있다는 것이다. 손에 무언가를 쥐고 있으면서 간절하다는 것은 차선의 것을 구하는 것이다. 간절히 하나님께 구하는 것은 내가 가진 것을 내려놓고 하나님이 주실 것을 기대하는 것이다. 하나님이 주실 것에 대한 간절함 없이 기도하는 것은 욕심으로 기도하는 것이다. 가진 것에 무언가를 더하고 싶은 욕심이다. 우리 기도의 태도는 간절함이다. 그 간절함은 모든 것을 내어줄 만큼 원하는 것이다.

기도는 내가 간절히 원하는 것을 하게 되어있다. 그런데 그 기도의 내용이 무엇이든 우리가 알아야 할 것은 먼저 내가 진심으로 구하는 것이다. 그리고 정말 원하는 것을 얻기 위해 나를 내려놓을 준비가 됐는지를 점검해야 한다.

우리가 하나님의 뜻을 알아가는 것은 짙은 어둠 속에서 발등에 있는 등불이 비춰주는 만큼 발을 내딛는 것이다. 성경은 '주님의 말씀은 내 발의 등'이라고 한다. 기도는 하나님이 빛으로 비춰주시는 만큼 하는 것이다. 빛을 비춰주셔서 발을 내디딜 때, 또 다른 발을 내디딜 만큼의 길이 보인다. 또한, 내가 기도하는 것이 기도의 길을 만들고 있다는 사실을 발견한다.

우리는 기도할 때, 무슨 생각을 하면서 하는지도 모른다. 그러니 정신없이 입에서 나오는 말을 기도로 여기지 말고, 내 생각을 가다듬어서 무슨 생각을 하고 무슨 말을 하는지 들어야 한다. 내가 하는 말을 들으면서 생각 속에서 다시 정리되어 기도할 때, 내가 하는 말을 또다시 듣게 될 것이다. 기도는 하나님이 주시는 생각에 깨어있고 나의 기도를 들으며 하는 것이다.

기도하지 않으면 아무것도 배울 수 없다. 기도할 때 실패를 배우고, 내가 원하는 것을 안다. 기도하면서 하나님의 인도하심을 배우고, 하나님께 순종하는 법을 배운다.

기도하면서도 원하는 것이 무엇인지 모를 수도 있다. 하나님을 발견하지도 못할 수도 있다. 나의 발등에 있는 빛이 너무 답답할지도 모른다. 그러나 우리는 기도하면서 성장하는 것을 경험하게 될 것이다. 어린아이와 같던 내가 점차 소년이 되고 청년이 되고 어른이 되면서, 나만을 위한 삶이 아닌 다른 사람을 돕고 성장시키는 삶으로 성장할 것이다. 기도는 우리를 성장하게 한다. 기도하지 않는 것은 성장을 경험하지 못하게 하는 장벽과도 같다. 우리가 성장하는 이유는 우리가 자라도록 만들어진 몸이기 때문이다. 또한, 육신뿐만 아니라 정신적으로 성숙하고 영적으로 성숙하는 것을 배워야 한다. 육신의 몸만 성장한다고 해서 어른이 되는 것은 아니다. 정신적으로 성숙해서 다른 사람들을 돕는 어른이 되고 아비가 되어야 한다. 하나님은 우리가 정신적인 아비만이 아니라 영적인 아비가 되어서 사람들이 성장하도록 돕는 진정한 어른으로 성장하기를 원하신다.

우리가 가진 고통보다 기도가 더 고통스러울 때도 있다. 고통의 문제를 해결하려고 기도하는데 어떻게 기도할지 몰라 고통 위에 기도의 고통을 더할 때가 있다. 그러나 기도할 때, 삶의 문제와 고통은 작아진다. 기도하면서 절망하기도 하지만, 소망의 꿈이 자라난다.

소망이라는 풍선이 부풀어지면서 비록 지금은 기도 응답을 받지 않았지만, 마치 기도의 응답을 받은 것과 같은 기쁨이 생긴다. 소망은 믿음과 깊은 상관관계가 있다. 믿음은 들음에서 나고 들음은 그리스도의 말씀에서 난다. 하나님이 내 삶에 문제에 대해 어떻게 말씀하셨는지가 우리 믿음의 출발이 된다. 믿음으로 기도가 시작된 것이다. 그러나 믿음에서 기도의 응답까지는 많은 인내의 시간이 필요하다.

인내의 시간을 통과하게 하는 것이 바로 소망이다. 소망은 믿음에 근거한다. 신념과 믿음은 큰 차이가 있다. 믿음은 하나님으로부터 시작된 것이지만, 신념은 나로부터 시작된 것이다. 믿음인지 신념인지 구별할 수 없다면 계속 기도해보라. 그러면 더 명확히 구별될 것이다. 믿음의 기도가 가능하도록 떠받쳐 주는 기둥과 같은 것이 바로 소망이다. 소망은 하나님을 향한 신뢰와 장차 받을 것에 대한 기대감으로 채워진다. 소망은 기도하면 할수록 커진다. 단순한 기대감이라면 기도할수록 사라질 것이다. 때로는 무너지기도 하지만, 신뢰라는 것이 나를 붙잡고 끌어가는 것을 볼 것이다. 하나님의 성령이 우리 안에 계셔서 하나님을 향한 신뢰로 말미암아 포기할 수 없는 기대감으로 이어지게 하신다.

   기도하면서 우리는 소망이라는 것을 배운다. 단순한 기대감이나 바람이 아니라, 확신 가운데 믿어지는 하나님을 향한 신뢰이다. 인내의 시간은 누구나 힘들다. 죽을 것 같은 마음으로 기도할 때는 마음이 일어났다가도 기도의 자리를 떠나면 여지없이 곤두박질치는 믿음을 보며, 한없이 무너지기도 한다. 그러나 그런 인내의 시간을 통과할 때 분명히 알 수 있는 것은 터널은 끝이 있다는 사실이다. 터널에 들어서면 끝이 보지 않지만, 분명 끝은 있다. 물론, 또 다른 터널을 맞이하기도 하지만 더는 터널이 두렵지 않다. 왜냐하면 끝이 있다는 사실을 알았기 때문이다.

> 무릇 있는 자는 받아 넉넉하게 되되 없는 자는 그 있는 것도 빼앗기리라 (마 13:12)

   믿음이 있는 사람은 응답을 받고 하나님의 은혜를 경험할 것이다. 그러나 믿음이 없는 사람은 가졌던 기대감이나 바람도 사라질 것이다. 그 믿음을 가능하게 하는 것이 소망의 작용이다. 소망이 우리 가운데 일어나고 커질 때, 비로소 하나님의 때에 하나님의 뜻으로 응답받을 것이다.

    기도는 할수록 그 가치가 만들어진다. 그러나 기도라는 가치가 있어서 기도하는 것은 아니다. 기도를 통해 하나님의 가치를 확인하고 그 기도의 가치가 축적되는 것이다. 기도는 도구에 불과하다. 기도하는 것을 위해 기도하는 것이 아니다. 기도하는 것을 위해 하나님의 가치를 이용하는 것이 아니다. 기도가 하나님보다 위에 있을 수는 없다.

자녀들을 위해 기도하라

　자녀들은 부모들이 하는 말을 듣고 자라며, 부모의 행동과 태도를 답습한다. 자녀들을 보면 부모들이 어떻게 양육했는지 알 수 있다. 그러나 이것은 일반적인 이야기이다. 예외적인 자녀도 있고 여러 가지 환경에서 고려되어야 할 것도 있다.

　자녀들을 위해 기도해야 이유가 있다면 그것은 부모가 자녀들의 권위자이기 때문이다. 자녀들은 부모를 통해 하나님을 알게 된다. 악한 부모라도 있는 자녀와, 부모의 존재를 경험해보지 못한 자녀의 이해도는 다르다. 악한 부모의 자녀는 자신이 부모가 되었을 때, 그렇게 하지 않겠다고 하겠지만, 부모의 존재를 경험하지 못한 사람은 부모가 되었을 때 그 역할에 대한 그림이 없기에 부모가 되는 것이 두렵다. 상담 사역자들이 말하는 이론이기는 하다.

　그러나 우리의 참된 부모는 하나님이시고, 그분이 본래의 원본이시다. 이 세상에 완벽한 부모는 없다. 오직 초보 부모만이 있다. 자녀를 양육하지만, 부모로서 처음 겪으며 그 역할을 한다. 부모로서 처음 겪는 모든 것을 하나님께 의뢰하고, 하나님의 마음을 이해하면서 자녀를 양육하는 성숙한 부모로 자라가는 것이다. 부모의 역할이 끝날 무렵, 자녀들은 성인이 되어 또 다른 부모가 된다. 좋은 아버지, 좋은 어머니가 되는 것이 하나님의 꿈일지도 모른다.

자녀를 양육하면서 다른 가정의 자녀를 자기 자녀에게 적용하면 실패할 가능성이 있다. 가정의 배경이 다르고, 가치관이 다르고, 사고방식이 다른 가정에서 자라나는 자녀는 부모에 의해 만들어져 가는 것이다. 부모가 원하든, 원하지 않든 부모를 닮은 자녀가 된다. 물론 예외적인 자녀도 있다.

자녀는 하나님이 부모에게 맡긴 사람이다. 하나님이 창조하신 자녀를 부모에 맡겨서 성장하도록 허락하셨다. 그렇기에 자녀도 참 부모이신 하나님을 알아야 올바로 성장한다. 자녀는 소유가 아니라 하나님이 맡기신 것이기에 부모는 자녀가 사람다워지도록 도와야 한다. 하나님이 만드신 창조의 모습대로 성장하도록, 나의 나 된 은혜가 되도록 도와야 한다.

또한, 정해놓은 목표대로 아이를 키우는 것이 아니라, 이 아이의 본래 모습과 형상과 온전한 그 자체로 성장하도록 돕는 것도 부모이다. 하나님도 우리를 만드시고 내가 나다워지도록 돕고 계시기 때문이다.

사랑이라는 기반 위에 적절한 훈육을 통해 자녀가 옳고 그름, 좋음과 나쁨, 원하는 것과 싫어하는 것, 거룩한 것과 부정한 것, 용서와 죄를 스스로 이해하고 판단하고 선택하도록 돕는 것이 부모의 기도이다. 그 자녀는 성장해서 자신을 책임질 뿐만 아니라 가정을 책임지는 또 다른 부모로 성장한다.

가정은 공동체를 건강하게 하고 사회를 건강하게 할 뿐만 아니라, 나라를 건강하게 하는 세포와 같다. 건강한 가정이 건강한 하나님의 나라를 형성하리라 믿는다.

자신을 점검하라

1. 나는 하나님을 이용하려고 기도하는가?

2. 나는 지금 하나님과 거리감이 있는가?

3. 나는 지금 나의 감정이 하나님보다 위에 있어서 기도할 마음이 없다고 보는가?

4. 나는 나를 비하하면서 하나님 앞에 나를 무가치하게 여기지는 않는가?

5. 나는 나의 과거와 현재를 분리하면서 미래만 구하지 않는가?

6. 나는 하나님과의 친밀함보다 나의 하는 일이 잘 되는 것에만 집중하지 않는가?

7. 나는 사람과의 갈등을 두려워하고 직면하지 않으면서 다른 사람 탓만 하지 않는가?

8. 나는 나의 단점을 감추고 장점만 드러나기를 원하지 않는가?

9. 나는 기도하지 않으면서 걱정과 근심과 마음의 무거움 속에서 살기를 좋아하지 않는가?

10. 나는 다른 사람들을 판단하고 정죄하며 심판자의 자리에서 그의 하나님이 되려고 하는가?

기도를 잘하려면 사람들과 대화하라

기도는 흔히 대화라고 한다. 하나님과 대화하는 것이 기도라고 정의하기도 한다. 만약 우리가 대화라고 하는 말에 동의한다면, 대화하는 연습이 필요하다. 또한, 하나님과 대화하려면 사람과 대화하는 연습이 필요하다.

때로 어떤 사람들과 대화하다 보면 내가 지금 대화를 하는 건지, 야단을 맞는 건지 모를 정도로 일방적으로 이야기를 듣기만 할 때가 있다. 대화하면서 내 말은 한마디도 못 하고 일방적으로 듣기만 하다가 그 자리를 떠난 적도 있다. 그 후 다시 그 사람과 만나려면 좀 더 각오하고 만날 것이다. 왜냐하면 일방적인 강요에 가까운 이야기를 들어야 하는 대화 폭력에 있어야 하기 때문이다.

우리가 대화하고 논의하고 토론하는 것이 무엇인지 배우면, 하나님과 대화하고 기도하면서 어떤 문제에 대해 논의하고 토론할 수 있지 않을까?

그런데 우리는 대화시간에 일방적인 경청과 주장으로 승리를 맛보기도 한다. 상대방을 조롱하고, 말실수를 꼬투리 잡아서 비아냥거리고, 논리가 맞지 않으면 들으려고 하지 않고, 대화의 자리에 있고 싶지 않을 것이다. 상대방이 어눌하고, 적절한 단어를 사용하지 못하고, 앞뒤 논리가 맞지 않더라도 대화하면서 그 마음의 중심을 보려고 한다면 그것이 성공적인 대화가 될 것이다.

기도는 대화라고 할 때, 하나님은 우리의 기도가 서툴어도 알아들으신다. 기도의 단어가 적절하지 않아도 새겨들으신다. 논리에 맞지 않아도 논리적으로 알아들으신다. 논리적이어야만 진실은 아니기 때문이다.

우리는 기도하면서 나를 정리한다. 그러면 삶이 뒤섞여 있다가도 기도하면서 앞뒤 관계를 이해하고, 문제의 원인과 결과를 발견하면서 성령의 인도하심으로 해결점도 찾는다. 기도는 랭귀지, 곧 하나의 언어이다. 영어를 배우면서 단어를 외우고 문법과 문단을 형성하는 것처럼, 기도하면서 단어가 이어지고, 문장이 되고, 문단과 전체를 설명하는 한 권의 책이 된다.

뻔한 기도를 뻔뻔하게 하라

 우리는 삶에 대한 자신감이 없다. 내 죄를 생각할 때마다 내가 얼마나 나약하고 작은 존재인지를 인정하며, 작아지는 것을 느낀다. 그러나 나약하고 작게 느껴진다고 해도 실제로 그런 존재는 아니다.

 우리는 기도할 때 뻔한 기도라도 하나님 앞에 뻔뻔하게 나아가야 한다. 결코 죄를 무시하라는 것이 아니다. 죄를 범한 나의 가치가 변하지 않는다는 것을 기억하라는 것이다. 우리는 하나님 앞에 뻔뻔해져야 한다. 죄인임에도 불구하고 하나님 앞에 나아갈 용기를 가져야 한다. 나의 죄를 용서하는 분이 하나님이시고 나를 새롭게 하실 수 있는 분이 오직 하나님이심을 믿는다면, 하나님 앞에 뻔뻔하게 나아가 긍휼을 구하는 담대함이 있어야 한다.

 그러나 사람들 앞에서는 뻔뻔하게 고개를 치켜들고 도도하게 설 수 없다. 하나님 앞에서 용서를 받은 사람이라면, 사람들에 앞에서는 겸손히 낮추어야 한다. 자신을 낮추고 다시는 그 죄로 돌아가지 않아야 한다. 우리의 뻔뻔한 마음이 순전한 마음으로 바뀌어야 한다.

우리는 늘 뻔한 기도를 한다. 일상적으로 식탁 앞에서 식사 기도를 하듯, 잠깐 고개를 숙이고 기도한다면 그것은 기도의 능력을 모르는 상태로 하는 것이다. 나의 생명에 양식을 주신 하나님 앞에 감사하는 것은 당연하지만 특별한 기도이다. 그리고 우리는 날마다 당연하지만 특별한 기도를 하며 산다. 숨을 쉬는 것은 당연하지만 특별하다. 음식을 먹고 생명을 유지하는 것은 당연하지만 특별하다. 우리는 뻔하지만 특별한 기도를 하며 사는 것이다. 문제가 없어지도록 기도하는 것도 필요하지만, 문제를 잘 다루고 잘 통과하는 것이 더욱 성숙한 기도가 되기도 한다.

우리는 하나님 앞에서 뻔뻔하게 기도하지만, 하나님의 눈으로 볼 때는 뻔한 기도이다. 당연히 하나님 앞에 나아와 기도하는 뻔한 기도가 되어야 한다. 우리가 하나님 앞에 나아가면 그분이 구원하시고 용서하시고 새롭게 하신다는 확신이 있을 때, 기도의 용기가 생길 것이다.

빛의 기도를 하라

어둠은 빛이 없는 상태이다. 어둠은 존재하지 않는다. 다만 빛이 없을 뿐이다. 세상이 어둠 가운데 있는 것은 빛이 비춰지 않기 때문이다. 하나님은 그리스도인을 빛이라고 말씀하신다. 빛이 비칠 때 모든 어둠은 물러간다.

죽음은 생명이 없는 상태이다. 그렇기에 생명이신 그리스도가 역사하시도록 그 생명을 가지고 가야 한다. 하나님과의 단절되어 나무에서 가지가 꺾이고 분리되고 결국은 말라서 불태워질 수밖에 없는 것이 인간의 존재이다. 생명이 없는 상태의 가지가 생명이신 그리스도께 접붙여져서, 생명을 얻고 살며 열매를 맺는 존재가 되었다.

우리는 어둠과 싸우는 것이 아니다. 죽음과 싸우는 것도 아니다. 빛을 비추지 못하게 하는 가려진 것과의 싸움이고, 생명에 이르지 못하게 하는 단절과의 싸움이다. 우리가 기도하는 것은 빛을 비추는 것이다. 어둠에 빛을 비추면 어둠은 물러간다.

죽음과의 싸움이 아니라 생명이 흘러가지 못하게 하는 단절된 관계와 거짓과의 싸움이다. 기도하는 것은 생명이 흘러가게 하는 것이고, 곧 그리스도의 생명이 흘러가서 소생케 되도록 하나님이 역사하실 것이다.

거짓은 진실이 없는 상태이다. 거짓은 진실을 이길 수 없다. 이것을 믿는다면 거짓과 싸우지 않고 오히려 진실한 삶을 살지 않는 것과 싸워야 한다. 진실과 정직이 없기 때문에 생기는 결과이다. 거짓은 진실과 정직이 없는 결과일 뿐이다.

우리는 거짓말을 하지 않으려고 노력하기보다 정직한 삶을 추구해야 한다. 삶의 기본적인 원리가 진실하고 정직한 삶을 사는 것이어야 한다. 죄를 짓지 않으려고 노력하기보다 진리를 행하는 것을 즐거워해야 한다.

부정함은 정함이 없는 상태이다. 하나님은 사람을 거룩하게 지으셨다. 하나님의 형상대로 지으실 때 거룩한 존재로 지으셨다. 그 거룩함은 구별되어 깨끗하고 순전하고 정결한 상태이다. 하나님이 우리를 정하게 하셨다. 그러나 우리는 자주 부정한 상태가 된다.

그리스도의 십자가 능력이 우리를 정결하게 하고 깨끗하게 하심을 믿는다. 우리의 행위나 노력으로는 정할 수 없지만, 십자가의 보혈로 정함의 상태에 머물 수 있음을 믿는다.

우리가 얼마나 죄를 짓지 않는가도 중요하지만, 얼마나 빨리 정함으로 돌아오느냐는 더욱 중요하다. 부정한 상태에 머무는 시간을 줄이고 성령님이 우리 안에서 계셔서 죄를 깨닫게 하신다면 즉시, 온전히, 기쁘게 하나님의 거룩함 앞에 돌아와 정함의 상태에 머물 것이다.

정직하지 않으면 기도할 수 없다. 우리는 기도할 때 정직해질 수 있다. 우리가 기도할 때 하나님의 거룩함으로 정결한 상태로 돌아오는 기회가 된다. 기도는 하나님이 우리에게 주신 거룩함에 이르는 길이다.

높은 기도를 하라

하나님은 강하시고 인간은 약하다. 그리고 하나님이 약점투성이인 인간을 사랑하시는 것이 하나님의 약점이다. 우리가 약함을 인정할 때, 주님의 강함은 빛난다. 우리가 죄인인 것을 인정할 때, 하나님의 강점이 나타난다.

하나님은 우리의 약점인 죄를 위해 많은 대가를 치르셨다. 우리 죄를 감출수록 죄의 권세는 강해지고 하나님의 약점이 되어 버린다. 반대로 우리가 죄를 인정할 때 약점은 드러나지만, 하나님의 강함이 나타난다. 하나님은 인간의 죄로 인간을 버리지 않으시고 죄로부터 건지시는 분이다. 다만 죄를 버리도록 하신다.

사람이 무너지는 것은 죄로 인한 것이지만, 사실은 죄를 인정하지 않는 완악함의 교만으로 무너지는 것이다. 우리는 죄로 인해 사단의 손에 쥐어진 존재가 아니라, 하나님의 손에 있어서 사단을 쥐고 흔드는 존재이다.

기도는 과거를 끊는 새로운 시작이다. 우리는 기도함으로 기도의 가치를 증명해야 한다. 기도는 하나님 편에 서서 빛을 비춘다. 악은 악으로 이길 수 없다. 우리가 기도하는 것은 선이다. 곧, 하나님 편에 서는 것이 최선의 선택이다.

기도는 쉽다. 기도할 때 하나님만 보고 계시기에 쉽다. 그러나 삶을 사는 것은 어렵다. 많은 사람이 우리를 보고 있기 때문이다. 우리의 삶이 하나님의 약점이 아니라 하나님의 칼이 되길 원한다. 우리가 기도하는 것은 하나님의 공의와 사랑이다. 하나님의 공의를 우리 삶으로 행하는 정의가 나타나야 한다. 하나님의 사랑은 우리의 권위이며, 에너지이다.

하나님의 정의는 하나님의 사랑이라는 칼집에서 나오는 칼이다. 그 칼은 생명을 살리는 의사의 손에 있는 수술칼이며, 원수와의 전쟁을 승리로 이끄는 용사의 검이기도 하다. 또한, 음식을 만드는 요리사의 칼이기도 해서 사람들을 먹이고, 사람의 영혼을 살리는 말씀의 검이기도 하다.

기도하는 사람의 입에서 어떤 칼이 나와 어떤 하나님의 역사를 만들어 가는지는 성령의 이끌리심을 받는 사람들을 통해 나타날 것이다. 우리는 기도하면서 나의 기도를 기억해야 한다. 우리가 기도할 때 하나님의 새로운 현실을 만들게 될 것이다.

하나님의 나라는 기도로 세워지고, 우리는 세상이 알 수 없는 기도의 법칙 속에 살아간다. 기도하는 사람만이 기도의 법칙을 알고, 하나님의 보좌 앞에 엎드린다. 하나님의 자녀들이 기도할 때, 하늘 아버지는 응답하기를 기뻐하시며 그의 나라와 그의 의가 이루어지는 것을 보게 하실 것이다.

틈

글　　　정형섭

2020년 11월 26일 1판 1쇄 펴냄

펴낸곳　　도서출판 예수전도단
출판 등록　1989년 2월 24일(제2-761호)
주소　　　서울특별시 마포구 성지1길 7 (합정동)
전화　　　02-6933-9981 · 팩스 02-6933-9989
이메일　　ywampubl@ywam.co.kr
홈페이지　www.ywampubl.com

ISBN 978-89-5536-603-7

책값은 뒤표지에 있습니다.
잘못된 책은 바꾸어 드립니다.
본서는 개역개정과 KJV (King James Version)를 사용하였습니다.